4주 완성 어휘력·독해력·사고력·표현력 향상 프로그램

KB125103

탈무드로
한번에 키우기

2A
초등 저학년

책장속
BOOKS

어휘력 · 독해력 · 사고력 · 표현력 향상 프로그램
(탈무드로) 한 번에 키우기 2A

2쇄 발행 2022년 2월 20일

집   필 신효원
펴낸이 신호정
펴낸곳 책장속북스
신고번호 제 2020-000111호
주소 서울시 송파구 양재대로 71길 16-28 원당빌딩 4층
대표전화 02)2088-2887 | **팩스** 02)6008-9050
인스타그램 @langlab_kiz | **블로그** blog.naver.com/langlab_kiz
이메일 chaeg_jang@naver.com

기 획 & 개 발 어린이언어연구소
편 집 전유림 | **웹마케팅** 이혜연
삽 화 선다영, 젤리피쉬 | **디자인** 이지숙

ISBN 979-11-972489-4-8
SET   979-11-972489-0-0 (세트)

머리말

아이의 공부머리를 한 번에 키워 주세요!

흔히들 어휘력이 좋으면 독해력이 좋아진다고 합니다. 아이가 글을 읽고 이해를 못 하는 까닭은 '어휘력이 부족해서'라고 생각합니다. 그래서 학교 공부가 시작되면 아이들에게 무작정 어휘의 사전적 의미를 기억하게 하고 아무런 맥락 없이 어휘 문제를 풀게 합니다.

오해하기 쉽지만, 어휘력은 '알고 있는 단어가 얼마나 많은가?'만으로 평가되는 영역이 아닙니다. 어휘력에는 '문맥을 통해서 모르는 단어의 의미를 얼마나 정확히 유추할 수 있느냐?', '알고 있는 어휘를 얼마나 적절하게 사용하느냐?'의 능력도 포함되기 때문입니다.

국어 능력의 핵심은 글의 맥락을 파악하여 내용과 어휘를 유추할 수 있고 자기 생각을 표현할 줄 아는 데에 있습니다. 따라서 글을 읽기 전에 자신의 배경지식을 끌어와 생각해 보고, 글을 읽으며 내용과 어휘를 추측해 보고, 알게 된 어휘를 연습해 보는 이 세 가지의 과정이 밀접한 관계를 맺으며 제공될 때 우리 아이들의 국어 능력이 확장됩니다.

한키는 아이들에게 이 모든 과정을 훈련시키기 위해 만들어진 책입니다. 이 책은 얼핏 보면 쉬워 보이지만 생각 없이는 풀 수 없는 문제들로 구성되어 있습니다. 생각해야 풀 수 있지만 그렇다고 지루하지 않습니다. 아이들이 글을 읽고, 문제를 해결해 나가는 동안 읽기 훈련과 국어 공부를 자연스럽고도 즐겁게 할 수 있는 학습 장치가 곳곳에 숨겨져 있기 때문입니다.

국어 능력은 '생각'이라는 밑거름을 바탕으로 글의 이해와 유추, 표현의 과정이 유기적으로 이루어져야 향상됩니다. **한키**를 통해 아이들이 우리말로 생각하고 추측하고 우리말을 자유자재로 사용해 볼 수 있게 되기를 바랍니다. 우리 아이들의 국어 능력이 건강하게 커나갈 수 있기를 바랍니다.

저자 신효원

저자 소개
어린이언어연구소 소장
이화여자대학교 국어국문학
이화여자대학교 국제대학원 한국학 석사
이화여자대학교 국제대학원 한국학 박사 수료

〈한 번에 키우기〉의 특징

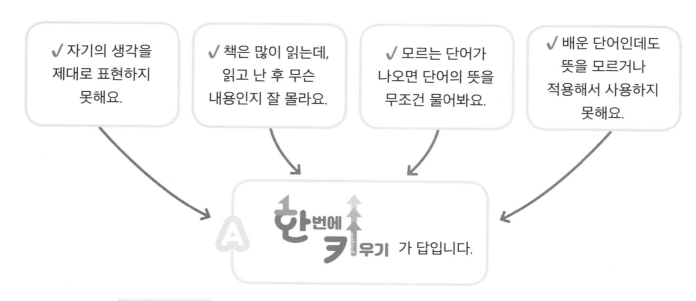

Q 혹시 우리 아이가 이렇지는 않나요?

✓ 자기의 생각을 제대로 표현하지 못해요.

✓ 책은 많이 읽는데, 읽고 난 후 무슨 내용인지 잘 몰라요.

✓ 모르는 단어가 나오면 단어의 뜻을 무조건 물어봐요.

✓ 배운 단어인데도 뜻을 모르거나 적용해서 사용하지 못해요.

A 한번에 키우기 가 답입니다.

〈한 번에 키우기〉만의 강점!

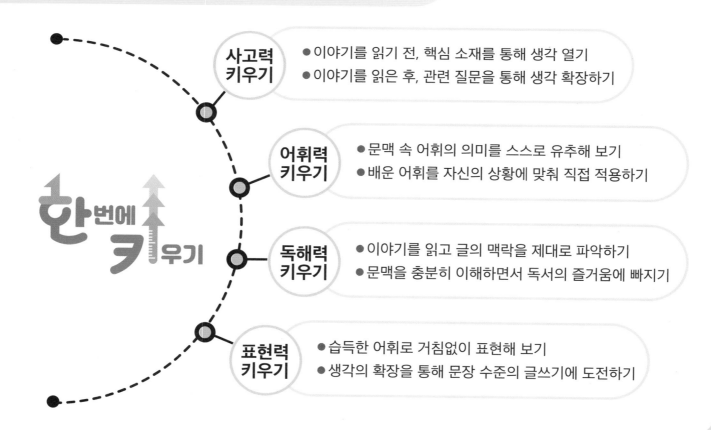

사고력 키우기
- 이야기를 읽기 전, 핵심 소재를 통해 생각 열기
- 이야기를 읽은 후, 관련 질문을 통해 생각 확장하기

어휘력 키우기
- 문맥 속 어휘의 의미를 스스로 유추해 보기
- 배운 어휘를 자신의 상황에 맞춰 직접 적용하기

독해력 키우기
- 이야기를 읽고 글의 맥락을 제대로 파악하기
- 문맥을 충분히 이해하면서 독서의 즐거움에 빠지기

표현력 키우기
- 습득한 어휘로 거침없이 표현해 보기
- 생각의 확장을 통해 문장 수준의 글쓰기에 도전하기

1. 어휘 공부의 시작을 아이들에게 친근한 '탈무드'로

모든 학습의 시작은 '흥미'와 '재미'입니다. 〈한키 시리즈 2A〉에는 '지혜의 보고'로 불리는 탈무드 이야기가 지문으로 실려 있습니다. 아이들은 친근하고 익숙한 이야기를 통해 처음 접하는 어휘의 의미도 쉽게 습득할 수 있게 되면서 어휘 학습에 관심과 흥미를 가지게 됩니다.

2. '암기'가 아닌 '유추'로 어휘를 습득

암기를 통해 습득한 어휘는 쉽게 휘발되며, 다양한 확장 개념을 응용하는 데에 한계를 가집니다. 〈한 번에 키우기〉는 이야기의 '맥락'을 통해 어휘의 의미를 끊임없이 유추하게 합니다. 생소하고 어려운 어휘가 나오더라도, 앞뒤 문장을 참고해 되돌아보면서 어휘의 의미와 확장 개념을 알아가는 힘을 키울 수 있게 됩니다.

3. '초등 필수 어휘'를 곳곳에 담아 재구성한 지문

탈무드 이야기를 아이들의 눈높이에 맞게 재구성하였으며, 이야기의 일부가 아닌 전체를 지문으로 실어 아이들이 한 편을 다 읽을 수 있도록 했습니다. 또한 일상에서 쓰이는 관용어, 한자어, 속담, 의성어 및 의태어 등의 초등 필수 어휘들을 지문에 적절히 배치하여 자연스럽게 초등 필수 어휘를 익힐 수 있습니다.

4. '유형별 4단계 학습'을 통한 통합 국어 학습

〈한 번에 키우기〉는 하루 6쪽 분량으로 ①생각하며 준비하기(사고력 키우기) ②추측하며 읽고 풀기(독해력 키우기) ③추측한 어휘 확인하기(어휘력 키우기) ④생각대로 표현하기(표현력 키우기)의 유형별 4단계 학습으로 구성됐습니다. 아이들은 매일 4단계 학습을 반복하며 스스로 어휘를 유추하고 문장의 맥락을 파악하며 그 뜻을 이해할 수 있는 사고력을 키우게 됩니다. 이 과정에서 독해력 또한 향상됩니다.

5. 거침없이 표현하는 '글쓰기'의 즐거움 경험

〈한 번에 키우기〉는 어휘와 관련된 생활 속 질문을 통해 습득한 어휘와 관련된 경험을 되살려 보고 스스로 생각해 보는 장을 펼쳐줍니다. 정해진 답이 없는 질문을 던짐으로써 어휘를 활용한 아이의 자유롭고 창의적인 답변을 유도합니다. 이 과정에서 아이는 어휘의 기본 개념과 그 외 다양한 쓰임새를 응용할 줄 알게 될 뿐 아니라, 무한한 사고의 확장을 경험하게 됩니다. 이런 경험은 '글쓰기'의 즐거움으로 이어져 문장 수준의 글쓰기를 능숙하게 할 수 있는 발판이 되어 줄 것입니다.

〈한 번에 키우기〉의 구성 & 활용법

- 〈한 번에 키우기 2A〉는 총 10편의 탈무드 이야기 전문을 지문에 담았습니다.
- 아이들은 한 주차(5일 분량)마다 2편 혹은 4편의 이야기를 읽고 관련 문제 및 복습 문제를 풀어 보는 시간을 가집니다.
- 학습 과정은 총 4주(20일 분량)에 걸쳐 완료됩니다.

한키 200% 활용하기
아이의 사고력·표현력을 쑥쑥 키우는 지름길을 알고 싶다면 QR코드를 활용해 보세요.

어휘 미리보기

이야기에 등장하는 초등 필수 어휘를 한눈에 살펴봅니다.

※ 학부모 Tip
어휘의 뜻을 미리 알려주지 마세요. 가볍게 훑으며 새로운 어휘에 흥미를 가지게 하는 게 포인트!

4단계 유형별 학습

① 생각하며 준비하기

 사고력 키우기

이야기를 읽기 전, 그림을 통해 등장인물이나 주요 단어를 미리 접하며 내용을 자유롭게 추측합니다. 또는 지난 이야기의 장면을 떠올리며 필수 어휘를 사용해 문장을 구성합니다.

이야기 곳곳에 빨간 글씨로 표시된 필수 어휘들이 있어요. 읽으면서 뜻을 유추해 보아요!

② 추측하며 읽고 풀기

독해력 키우기

초등 필수 어휘가 담긴 탈무드 이야기 전문을 읽은 후 O, X 문제·주관식 문제·사지선다형 고르기 문제·순서 맞추기 문제 등을 통해 글의 맥락을 제대로 파악했는지 확인합니다.

❸ 추측한 어휘 확인하기

✴️ 어휘력 키우기

사전적 정의부터 암기하지 않고, 비슷한 의미나 어울리는 말을 찾아 보며
어휘의 의미를 스스로 유추하는 힘을 기릅니다.

어휘의 뜻을 유추하는 데에
주저함이 없어지고
자신감이 생깁니다.

비슷한 의미 찾아 고르기

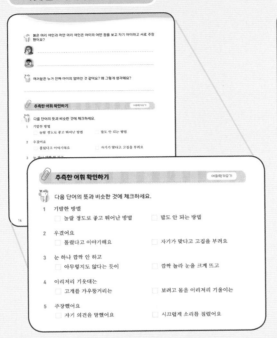

📎 추측한 어휘 확인하기

다음 단어의 뜻과 비슷한 것에 체크하세요.

1 기발한 방법
☐ 놀랄 정도로 좋고 뛰어난 방법 ☐ 말도 안 되는 방법

2 우겼어요
☐ 틀렸다고 이야기해요 ☐ 자기가 맞다고 고집을 부려요

3 눈 하나 깜짝 안 하고
☐ 아무렇지도 않다는 듯이 ☐ 깜짝 놀라 눈을 크게 뜨고

4 이리저리 기웃대는
☐ 고개를 갸우뚱거리는 ☐ 보려고 몸을 이리저리 기울이는

5 주장했어요
☐ 자기 의견을 말했어요 ☐ 시끄럽게 소리를 질렀어요

어울리는 단어끼리 연결하기

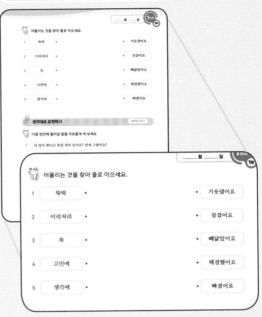

❹ 생각대로 표현하기

✏️ 표현력 키우기

필수 어휘를 사용해 문장
을 자유롭게 만들어 봅니
다. 이 과정에서 사고력이
확장됨과 동시에 글쓰기
능력이 향상됩니다.

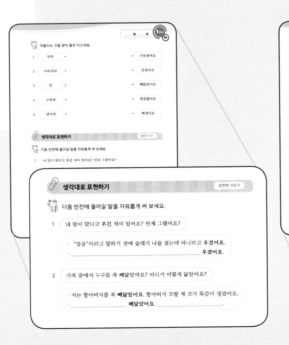

📎 생각대로 표현하기

다음 빈칸에 들어갈 말을 자유롭게 써 보세요.

1 내 말이 맞다고 우긴 적이 있어요? 언제 그랬어요?

· "얼음"이라고 말하기 전에 술래가 나를 쳤는데 아니라고 우겼어요.
_____ 우겼어요.

2 가족 중에서 누구를 쏙 빼닮았어요? 어디가 어떻게 닮았어요?

· 저는 할아버지를 쏙 빼닮았어요. 할아버지 코랑 제 코가 똑같이 생겼어요.
_____ 빼닮았어요.

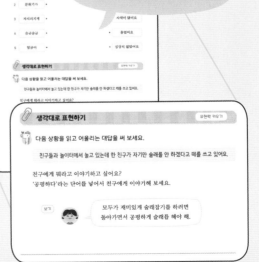

✳️ 학부모 Tip
아이들의 대답에 '오답'은 없지만,
'차이'는 있습니다. 아이의 답변을
유심히 관찰한 뒤, 다채로운 표현이
나올 수 있게끔 이끌어 주세요!

📎 생각대로 표현하기

다음 상황을 읽고 어울리는 대답을 써 보세요.

친구들과 놀이터에서 놀고 있는데 한 친구가 자기만 술래를 안 하겠다고 때를 쓰고 있어요.

친구에게 뭐라고 이야기하고 싶어요?
'공평하다'라는 단어를 넣어서 친구에게 이야기해 보세요.

모두가 재미있게 술래잡기를 하려면
돌아가면서 공평하게 술래를 해야 해.

어휘 정리하기

학습 어휘들의 사전적 의미를 보며 유추한 의미와 비교, 확인해 봅니다. 또한 어휘의 활용 예시를 빈칸 채우기를 통해 익힙니다.

※ <2A 탈무드로 한 번에 키우기>에 새롭게 추가된 '어휘 정리하기'를 활용해 어휘의 의미와 쓰임을 한 번에 정리해 보세요!

복습하기

앞서 배운 어휘들의 의미를 떠올려 보고 상황에 맞는 어휘를 찾아 빈칸을 채웁니다. 이를 통해 어휘들의 실생활에서의 쓰임을 되새깁니다. 또한 이야기의 순서 맞추기, 중심 내용을 떠올려 글·그림으로 표현하기 등의 문제를 통해 다시 한번 맥락을 파악하는 연습을 합니다.

※ 학부모 Tip

숙지하지 못한 단어 또는 내용이 있다면, 이야기를 다시 한번 차분히 읽힙니다. 이때, 함께 실감나게 읽어 보면 더 좋아요!

어휘 확인하기

어휘 연습하기

맥락 파악하기

중심 내용 떠올리기

학부모 Tip

딱 **세 가지**만 신경 써도 아이의 답변이 발전합니다!

1. 질문의 의도에 적합한 답변을 했는지 확인해 주세요.
   +) 질문과 무관한 답변을 썼을 경우, 아이를 채근하지 마시고 질문의 의도를 차근차근 설명해 주세요.

2. 한 단어보다는 되도록 '한 문장'을 쓰게 해 주세요.
   +) 다만, '말이 되는 문장', '문맥에 맞는 문장'을 완성했는지 확인 필수!

3. '누가, 언제, 무엇을, 어디서, 어떻게, 왜' 등과 같은 부가 정보를 떠올려 쓸 수 있도록 유도해 주세요.
   +) 이때, 글의 생생함을 살려 주는 의성어 및 의태어를 쓰게 하셔도 좋아요. 아이의 답변이 더욱 풍성해집니다!

아이의 대답을 유심히 관찰하는 것부터가 아이의 말과 글을 키우는 시작입니다.
날이 갈수록 다채로워지는 아이의 답변을 기대해 보세요!

차례

〈솔로몬과 두 엄마〉 & 〈사이좋은 형제〉

1일차	2일차	3일차	4일차
솔로몬과 두 엄마 ①	솔로몬과 두 엄마 ②	사이좋은 형제 ①	사이좋은 형제 ②
학습 어휘	학습 어휘	학습 어휘	학습 어휘
기발하다	추측하다	양보하다	의아하다
뚝딱	판결하다	자자하다	눈을 의심하다
무작정	공평하다	거두어들이다	희한하다
우기다	심상치 않다	차곡차곡	단념하다
눈 하나 깜짝 안 하다	자지러지다	치켜세우다	자박자박
기웃대다	슬금슬금	뒤척이다	경계하다
빼닮다	뒷걸음질하다	마음에 걸리다	내디디다
주장하다	꾸짖다	벌떡	터지다
고민에 빠지다	파렴치하다	눈을 붙이다	부둥켜안다
생각에 잠기다	사색	두 다리 뻗고 자다	한바탕
공부한 날 ◯월 ◯일	공부한 날 ◯월 ◯일	공부한 날 ◯월 ◯일	공부한 날 ◯월 ◯일

5일차 ┃ 복습하기　　　　　공부한 날 ◯월 ◯일

솔로몬과 두 엄마 | 첫 번째 이야기

 생각하며 준비하기

 아래 문장을 읽고 지혜로운 사람은 어떤 사람인지 써 보세요.

> • 우리 오빠는 지혜로워. 친구들 사이에서 문제가 생길 때마다 척척 해결해.
> • 선생님은 지혜로운 분이라서 내 고민을 잘 해결해 주셔.

_____

 여러분 주변에 지혜로운 사람이 있어요? 누가 지혜로워요?
왜 그렇게 생각하는지 자유롭게 써 보세요.

_____

 지혜로운 솔로몬 왕에게 두 여자가 찾아왔어요.
무슨 문제를 해결해 달라고 왔을까요? 자유롭게 써 보세요.

추측하며 읽고 풀기

빨간색으로 표시된 단어의 뜻을 생각하면서 다음 이야기를 읽어 보세요.

'지혜의 왕'으로 불리는 솔로몬 왕이 나라를 다스리고 있었어요. 사람들은 어려운 문제가 생기면 언제나 지혜로운 솔로몬 왕에게 찾아갔어요. 솔로몬 왕은 그 아무리 어려운 문제라도 누구도 생각지 못한 기발한 방법으로 뚝딱 해결해 주기 때문이었죠.

그러던 어느 날, 두 여인이 갓난아이를 데리고 솔로몬 왕을 찾아왔어요.

"그래, 무슨 일로 나를 찾아왔는가?"

솔로몬 왕이 묻자, 두 여인 중 붉은 머리의 여인이 말했어요.

"솔로몬 왕이시여, 이 갓난아이는 제 뱃속에서 열 달을 품어 낳은 제 자식입니다. 그런데 저 여자가 갑자기 나타나서는 이 아이가 자기 아이라고 무작정 우기는게 아니겠습니까? 제 아이를 빼앗으려는 게 분명해요!"

붉은 머리 여인의 말이 끝나기가 무섭게 까만 머리의 여인이 외쳤어요.

"거짓말! 저 여자는 지금 눈 하나 깜짝 안 하고 거짓말을 하고 있어요. 며칠 전저 여자가 우리 집 창문 쪽을 이리저리 기웃대는 걸 봤어요. 제가 깜빡 잠이 든 사이 아이를 훔쳐간 게 틀림없어요!"

그러자 붉은 머리의 여인이 황당하다는 표정으로 말했어요.

"말도 안 되는 소리! 왕이시여, 아이의 붉은색 머리카락을 보십시오. 저를 쏙 빼닮았습니다."

이에 질 새라, 까만 머리의 여인이 말을 이어 나갔어요.

"아뇨, 아이의 밤하늘같이 새까만 눈동자를 보세요. 분명 제 아이입니다."

두 여인이 서로 자신이 아이의 진짜 엄마라고 주장하자, 솔로몬 왕은 고민에 빠졌어요. 갓난아이는 분명 붉은색 머리카락과 새까만 눈동자를 모두 가지고 있었기 때문이죠.

'흠, 두 여인의 말이 모두 맞는 것 같으니 이를 어쩌지? 무슨 좋은 수가 없을까….'

솔로몬 왕이 생각에 잠겨 말이 없어지자 두 여인은 모두 답답하다는 듯 가슴을 치며 자기들이 아이의 엄마라고 소리쳤어요.

그런데 그때, 솔로몬 왕에게 좋은 생각이 번뜩 떠올랐어요.

 이야기를 읽고 맞으면 O, 틀리면 X 하세요.

1 솔로몬 왕은 문제를 잘 해결해서 사람들이 지혜의 왕이라고 불렀어요.

2 두 여인은 서로 자기가 진짜 엄마라고 주장했어요.

3 까만 머리 여인은 붉은 머리 여인이 아이를 가져갔다고 말했어요.

4 갓난아이는 두 엄마를 모두 닮지 않아서 솔로몬 왕은 고민했어요.

5 솔로몬 왕은 오랫동안 고민했지만 이 문제를 해결할 수 없었어요.

붉은 머리 여인과 까만 머리 여인은 아이의 어떤 점을 보고 자기 아이라고 서로 주장했어요?

 _____

 _____

 여러분은 누가 진짜 아이의 엄마인 것 같아요? 왜 그렇게 생각해요?

_____

📎 **추측한 어휘 확인하기**　　　　　　　　　　　　　　　　 어휘력 키우기

 다음 단어의 뜻과 비슷한 것에 체크하세요.

1　기발한 방법
　　☐ 놀랄 정도로 좋고 뛰어난 방법　　　　☐ 말도 안 되는 방법

2　우겼어요
　　☐ 틀렸다고 이야기해요　　　　　　　　☐ 자기가 맞다고 고집을 부려요

3　눈 하나 깜짝 안 하고
　　☐ 아무렇지도 않다는 듯이　　　　　　☐ 깜짝 놀라 눈을 크게 뜨고

4　이리저리 기웃대는
　　☐ 고개를 갸우뚱거리는　　　　　　　☐ 보려고 몸을 이리저리 기울이는

5　주장했어요
　　☐ 자기 의견을 말했어요　　　　　　　☐ 시끄럽게 소리를 질렀어요

14

어울리는 것을 찾아 줄로 이으세요.

1 뚝딱 • • 기웃댔어요

2 이리저리 • • 잠겼어요

3 쏙 • • 빼닮았어요

4 무작정 • • 해결했어요

5 생각에 • • 우겼어요

📎 **생각대로 표현하기** 표현력 키우기

 다음 빈칸에 들어갈 말을 자유롭게 써 보세요.

1 내 말이 맞다고 **우긴** 적이 있어요? 언제 그랬어요?

• "얼음"이라고 말하기 전에 술래가 나를 쳤는데 아니라고 **우겼어요.**
• _____ 우겼어요.

2 가족 중에서 누구를 쏙 **빼닮았어요?** 어디가 어떻게 닮았어요?

• 저는 할아버지를 쏙 **빼닮았어요.** 할아버지 코랑 제 코가 똑같이 생겼어요.
• _____ 빼닮았어요. _____.

 다음 단어의 의미를 소리 내어 읽어 보고 단어를 활용해 빈칸을 채워 보세요.

기발하다	놀랄 정도로 뛰어나다	재민이가 낸 [ ][ ] 아이디어에 모두가 박수를 쳤다.
뚝딱	일을 쉽게 해내는 모양	내가 어떤 음식을 해달라고 해도 엄마는 [ ] 만들어 주신다.
무작정	앞으로의 일에 대해 미리 생각하거나 정한 것이 없이	우리 가족은 아무 계획 없이 [ ][ ][ ] 여행을 떠났다.
우기다	억지를 부리면서 자기 의견을 내세우다	내 친구는 다른 사람 말은 듣지 않고 자기 말만 맞다고 [ ][ ][ ].
눈 하나 깜짝 안 하다	아무렇지도 않은 듯이 태연하게 행동하다	내 동생이 [ ][ ][ ][ ][ ][ ] 거짓말을 했다.
기웃대다	무엇을 보거나 찾으려고 고개나 몸을 이쪽저쪽으로 기울이다	민수가 내가 쓴 대답을 보려고 고개를 [ ][ ][ ][ ].
빼닮다	외모를 그대로 닮다	나는 할아버지와 얼굴도, 성격도 쏙 [ ][ ][ ][ ].
주장하다	자신의 의견을 내세우다	두 사람이 각자의 의견을 강하게 [ ][ ][ ].
고민에 빠지다	고민을 해야 하는 상황에 놓이다	친구 생일 선물로 무엇을 사야 할지 [ ][ ][ ][ ][ ].
생각에 잠기다	어떤 생각에 빠지다	나는 [ ][ ][ ][ ][ ][ ] 잠시 아무 말도 하지 않았다.

16

솔로몬과 두 엄마 | 두 번째 이야기

1주차 2일

생각하며 준비하기

사고력 키우기

 지난 이야기에서 읽은 내용을 아래 말을 사용해서 써 보세요.

갓난아이	데려와	주장하자	솔로몬 왕	두 여인
자기 아이	서로	고민에 빠졌어요		

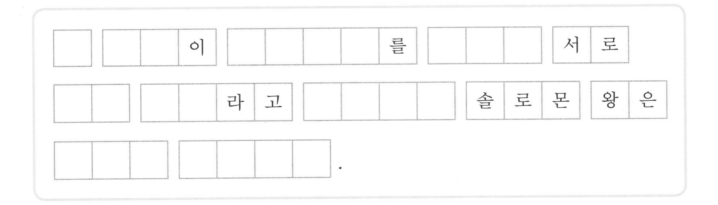

		이			를			서	로
		라	고			솔	로	몬	왕	은
					.				

 지난 이야기에서 솔로몬 왕은 좋은 생각이 떠올랐습니다.
어떤 해결책을 내놓았을까요? 자유롭게 써 보세요.

빨간색으로 표시된 단어의 뜻을 생각하면서 다음 이야기를 읽어 보세요.

솔로몬 왕이 서로 다른 주장을 하는 두 여인을 향해 말했어요.

"솔직히 말하면 누가 진짜 아이의 엄마인지 추측하기 어렵구나. 그러니 이렇게 판결하도록 하겠다."

솔로몬 왕이 옆에 있던 신하에게 말했어요.

"어서 가서 긴 칼을 가져오너라."

칼을 받아든 솔로몬 왕은 신하에게 또다시 말했어요.

"이제 아이를 저 탁자 위에 눕혀라."

칼을 들고 탁자로 다가온 솔로몬 왕이 말했어요.

"이제 이 아이를 둘로 나누겠다. 그러면 둘 다 공평하게 반씩 나누어 가져갈 수 있을 것이다."

솔로몬 왕은 곧바로 기다란 칼을 하늘 높이 쳐들었어요. 방긋방긋 웃던 아이가 심상치 않은 분위기를 느꼈는지, 자지러지게 울기 시작했어요.

솔로몬 왕이 높이 쳐든 칼을 내리치려던 순간이었어요.

"제발 멈춰주세요!"

까만 머리의 여인이 순식간에 달려와 아이의 앞을 가로막으며 소리쳤어요.

"제발 아이를 죽이지 말아주세요. 저 여자가 진짜 엄마입니다. 저 여자에게 아이를 주셔도 되니, 아이를 살려만 주십시오. 흑흑!"

그 모습을 본 솔로몬 왕은 슬며시 미소 지었어요.

"자, 이제 누가 진짜 엄마인지 알겠구나. 여봐라, 아이를 이 여인에게 가져다 주거라. 이 여인이 진짜 아이의 엄마가 맞다."

그때였어요. 뒤편에 있던 붉은 머리의 여인이 슬금슬금 뒷걸음질하더니 몰래 달아나려는 게 아니겠어요? 솔로몬 왕은 병사를 시켜 여인을 도망가지 못하게 하고는 크게 꾸짖었어요.

"감히 갓난아이를 가지고 거짓말을 하다니, 저 파렴치한 여자를 당장 감옥에 끌고 가거라!"

붉은 머리의 여인은 얼굴이 사색이 되어 한마디도 못 한 채 끌려갔어요. 아이는 다행히 진짜 엄마의 품으로 돌아갈 수 있었지요.

 이야기를 읽고 맞으면 O, 틀리면 X 하세요.

1 솔로몬 왕은 아이를 공평하게 반으로 나눠 가지라고 했어요.

2 왕이 아이를 반으로 자르려고 하자 두 여인은 울음을 터뜨렸어요.

3 두 여인은 아이를 반으로 나누는 것이 공평한 판결이라고 생각했어요.

4 까만 머리 여인은 자기가 진짜 엄마라고 거짓말한 것을 사과했어요.

5 솔로몬 왕은 누가 진짜 엄마인지 알아내고 가짜 엄마를 혼냈어요.

솔로몬 왕이 내린 판결은 무엇이었어요?

 아기의 진짜 엄마는 누구였어요?　　① 　②

 솔로몬 왕은 진짜 엄마가 누구인지 어떻게 알아냈어요?

① 몰래 도망가는 사람이 가짜 엄마라서 진짜 엄마를 찾아냈어요.

② 진짜 엄마와 가짜 엄마가 토론을 해서 거짓말하는 사람을 찾아냈어요.

③ 아이를 반으로 나누는 것을 원하지 않는 사람이 진짜 엄마라고 생각했어요.

④ 아이를 공평하게 반으로 나누어 사이좋게 가지는 사람이 진짜 엄마라고 생각했어요.

추측한 어휘 확인하기　　어휘력 키우기

 다음 단어의 뜻과 비슷한 것에 체크하세요.

1 추측하기 어렵군

☐ 짐작하기 어렵군　　　　　　☐ 결정하기 어렵군

2 판결하도록 하겠다

☐ 명령하도록 하겠다　　　　　☐ 맞고 틀리고를 결정하도록 하겠다

3 공평하게

☐ 모두에게 같게　　　　　　　☐ 한 사람에게 더 많게

4 파렴치한

☐ 얼굴이 새파랗게 질린　　　　☐ 부끄러워하지 않고 뻔뻔한

5 얼굴이 사색이 되어

☐ 무서워서 얼굴이 하얗게 되어　☐ 무서워서 깊은 생각에 잠기어

20

어울리는 것을 찾아 줄로 이으세요.

1 공평하게 •　　　• 뒷걸음질했어요

2 분위기가 •　　　• 나누었어요

3 자지러지게 •　　　• 사색이 됐어요

4 슬금슬금 •　　　• 울었어요

5 얼굴이 •　　　• 심상치 않았어요

생각대로 표현하기　　　　표현력 키우기

 다음 상황을 읽고 어울리는 대답을 써 보세요.

　친구들과 놀이터에서 놀고 있는데 한 친구가 자기만 술래를 안 하겠다고 떼를 쓰고 있어요.

친구에게 뭐라고 이야기하고 싶어요?
'공평하다'라는 단어를 넣어서 친구에게 이야기해 보세요.

보기 　모두가 재미있게 술래잡기를 하려면
돌아가면서 공평하게 술래를 해야 해.

 다음 단어의 의미를 소리 내어 읽어 보고 단어를 활용해 빈칸을 채워 보세요.

추측하다	미루어 짐작해서 아마 그럴 것이라고 생각하다 동화책의 다음에 무슨 이야기가 펼쳐질지 ☐☐☐☐.
판결하다	맞고 틀리거나 좋고 나쁜 것을 판단해서 결정하다 선생님은 학생들의 이야기를 듣고 잘잘못을 ☐☐☐☐.
공평하다	모든 사람에게 고르게 하다 아빠는 동생과 나에게 ☐☐☐☐ 과자를 나눠 주셨다.
심상치 않다	흔히 있을 만하지 않고 이상하거나 특별하다 소나기가 쏟아지려는지 먹구름이 잔뜩 끼고 바람이 ☐☐☐☐☐.
자지러지다	정도가 매우 심하다 천둥소리를 들은 아기가 ☐☐☐☐ 울었다.
슬금슬금	남의 눈치를 살피며 슬며시 행동하는 모양 엄마가 화가 난 것 같아서 ☐☐☐☐ 내 방으로 들어갔다.
뒷걸음질하다	뒤로 물러서다 우리 강아지는 겁이 많아서 큰 개를 보면 슬금슬금 ☐☐☐☐☐☐.
꾸짖다	윗사람이 아랫사람을 심하게 혼내다 수업 시간에 떠드는 학생을 선생님이 ☐☐☐☐.
파렴치하다	부끄러운 것을 모르고 뻔뻔하다 잘못을 저질러 놓고도 사과하지 않는 친구의 ☐☐☐☐ 행동이 싫다.
사색	걱정 때문에 창백해진 얼굴빛 동생이 다쳤다는 이야기를 듣고 엄마의 얼굴이 ☐☐이 되었다.

사이좋은 형제 | 첫 번째 이야기

 생각하며 준비하기   사고력 키우기

형제나 자매가 있나요? '사이좋은 형제·자매'가 되기 위해서는 어떤 행동을 해야 할까요? 자유롭게 써 보세요.

맛있는 음식이 있으면 형에게 먼저 먹으라고 말해요!

동생이 어려워하는 수학 숙제를 도와줘요!

엄마가 오빠나 언니(형이나 누나), 동생과 나누어 먹으라고 맛있는 사탕을 주셨어요. 몇 개씩 나누어 먹을 거예요?

왜 그렇게 나누었어요? 이유를 써 보세요.

빨간색으로 표시된 단어의 뜻을 생각하면서 다음 이야기를 읽어 보세요.

어느 마을에 사이좋은 형제가 이웃에 살고 있었어요. 형에게는 아내와 두 아이가 있었고, 동생은 아직 결혼하지 않아 혼자 살았어요. 둘은 언제나 좋은 것이 있으면 "형님 먼저!", "에이, 아우 먼저!"라며 양보하느라 바빴어요. 서로를 어찌나 아끼며 보살피는지, 마을 전체에 형제에 대한 칭찬이 자자했어요.

형제는 부모님이 돌아가신 뒤, 물려받은 땅에서 함께 밀 농사를 지었어요. 무더운 여름날에도 땀을 뻘뻘 흘리며 힘을 모아 땅을 갈고 씨앗을 뿌렸지요.

어느덧 시간이 흘러 찬바람 부는 가을이 되자 형제의 밀밭은 황금빛으로 물들었어요. 형제는 정성껏 기른 밀을 거두어들였어요. 거둔 밀을 차곡차곡 쌓으니 마치 하늘에 닿을 듯 높았어요.

"와, 형님 덕에 올해는 아주 배불리 먹을 수 있겠어요."

"무슨 소리, 이건 다 네가 열심히 일해 주었기 때문이야."

형제는 농사의 성공이 서로의 덕분이라며 서로를 치켜세웠어요. 그리고는 밀을 공평하게 반으로 나누어 각자의 집 창고에 가져다 놓았어요.

그런데 그날 밤, 형은 잠이 오지 않아 한참 동안 몸을 뒤척였어요.

'아무래도 밀을 동생과 똑같이 나눈 게 마음에 걸려. 동생은 이제 결혼을 해야 하니 돈이 많이 들어갈 텐데….'

형은 안 되겠는지 자리에서 벌떡 일어나 가족들이 깨지 않게 살금살금 밖에 있는 창고로 갔어요. 그리고는 커다란 자루에 밀을 가득 담아 어깨에 메고 동생의 창고로 향했어요. 서너 번을 왔다 갔다 해 밀 자루를 옮긴 형은 그제야 기분 좋게 돌아와 눈을 붙였어요.

그런데 그날 밤, 동생 역시 잠 못 들고 있었어요.

'형님과 밀을 똑같이 나누지 말걸. 형님에겐 챙겨야 할 가족들이 있으니 훨씬

돈이 많이 들 텐데….'

　동생도 벌떡 일어나 창고로 갔어요. 커다란 자루에 밀을 가득 담아 형의 창고에 옮겼지요. 서너 번을 왔다 갔다 하고 나서야 겨우 돌아왔어요.

　'휴, 이제 두 다리 뻗고 잘 수 있겠어.'

　동생은 그제야 기분 좋게 잠들었어요.

 이야기를 읽고 맞으면 O, 틀리면 X 하세요.

1　마을 사람들은 서로를 아끼며 보살피는 형제를 칭찬했어요.

2　형제는 부모님께 물려받은 땅을 나누어 각자 다른 농사를 지었어요.

3　형제는 밀을 똑같이 반씩 나누어 가진 것에 대해 후회했어요.

4　챙겨야 할 가족이 있는 형이 밀을 더 많이 가지기로 했어요.

5　동생은 형이 밀을 더 많이 가져가서 얄미웠어요.

형과 동생은 서로의 창고에 몰래 밀을 옮겨 놓았어요.
두 사람이 그렇게 한 이유가 뭐예요?

"동생은 _____ 니까 돈이 많이 필요할 거야."

"형은 _____ 니까 돈이 많이 필요할 거야."

 여러분이 형제였다면 서로의 창고에 밀을 옮겨 놓았을 것 같아요?
어떻게 했을 것 같아요? 자유롭게 써 보세요.

_____

📎 추측한 어휘 확인하기　　　　　　　　　　　　　　어휘력 키우기

 다음 단어의 뜻과 비슷한 것에 체크하세요.

1 칭찬이 자자했어요

☐ 여러 사람이 칭찬했어요　　　　☐ 한 사람이 칭찬했어요

2 거두어들였어요

☐ 곡식을 베어서 모았어요　　　　☐ 씨앗을 골고루 뿌렸어요

3 치켜세웠어요

☐ 몸을 높이 세웠어요　　　　　　☐ 크게 칭찬했어요

4 마음에 걸려

☐ 마음이 단단해져　　　　　　　☐ 마음이 불편해

5 눈을 붙였어요

☐ 잠을 잤어요　　　　　　　　　☐ 뚫어져라 쳐다봤어요

어울리는 것을 찾아 줄로 이으세요.

1 칭찬이 •   • 뒤척였어요

2 차곡차곡 •   • 걸렸어요

3 몸을 •   • 쌓았어요

4 마음에 •   • 자자했어요

5 두 다리 뻗고 •   • 잘 수 있었어요

📎 **생각대로 표현하기**   표현력 키우기

 다음 빈칸에 들어갈 말을 자유롭게 써 보세요.

1 쉬는 시간에 별것 아닌 일 때문에 친구한테 짜증을 부려서 온종일
마음에 걸렸어요.
친구

 _____ **마음에 걸렸어요.**
나

2 밀린 숙제를 다 하고 나니 마음이 후련해져서 **두 다리를 쭉 뻗고**
잘 수 있었어요.
친구

 _____ **두 다리를 쭉 뻗고 잘 수 있었어요.**
나

 다음 단어의 의미를 소리 내어 읽어 보고 단어를 활용해 빈칸을 채워 보세요.

양보하다	다른 사람을 위해 자기 자리나 물건 등을 내주다 지하철에서 할아버지께 자리를 ☐☐☐☐.
자자하다	여러 사람이 이야기해서 널리 퍼지다 나는 어른께 인사를 잘해서 동네에서 칭찬이 ☐☐☐☐.
거두어들이다	농작물을 모아서 수확하다 봄에 씨를 뿌리고 가을에 곡식을 ☐☐☐☐☐.
차곡차곡	물건을 가지런히 겹쳐 쌓아 놓은 모양 옷장에 옷을 ☐☐☐☐ 정리해 놓았다.
치켜세우다	아주 크게 칭찬하다 동생은 형을 천재라고 ☐☐☐☐.
뒤척이다	몸을 이리저리 움직이거나 뒤집다 낮잠을 많이 잤더니 잠이 오지 않아서 계속 몸을 ☐☐☐☐.
마음에 걸리다	만족스럽지 않고 기분이 좋지 않다 친구에게 신경질을 내고 나서 온종일 ☐☐☐☐☐.
벌떡	눕거나 앉아 있다가 갑자기 일어나는 모양 학교에 늦었다는 사실을 깨닫고 ☐☐ 일어났다.
눈을 붙이다	잠을 자다 동생의 창고에 밀을 옮기고 난 형은 그제야 기분 좋게 ☐☐☐☐.
두 다리 뻗고 자다	마음 놓고 편히 자다 걱정되는 일이 다 해결되어서 ☐☐☐☐☐ 수 있었다.

사이좋은 형제 | 두 번째 이야기

 생각하며 준비하기

지난 이야기에서 읽은 내용을 아래 말을 사용해서 써 보세요.

형제	나눈	밀	마음에 걸렸어요	창고
공평하게	옮겼어요	몰래	캄캄한 밤	서로의

		는		을					것	이

					.	그	래	서				에

		서	로	의			에	밀	을				.

다음은 오늘 읽을 글의 시작 부분이에요. 형은 왜 깜짝 놀랐을까요?
상상해 보고 자유롭게 써 보세요.

다음 날 아침이 됐어요. 그런데 창고로 간 형은 깜짝 놀랐어요.

빨간색으로 표시된 단어의 뜻을 생각하면서 다음 이야기를 읽어 보세요.

다음 날 아침이 됐어요. 그런데 창고로 간 형은 깜짝 놀랐어요. 줄어들었어야 하는 밀이 그대로였기 때문이죠.

'뭐지, 내가 어제 꿈을 꾼 건가?'

형은 이유를 몰라 고개를 갸웃했어요.

그리고 그 시각, 동생도 자신의 창고에 밀이 그대로인 것을 보고 당황했어요. 형제는 의아했지만 일단 밤이 되기를 기다렸어요. 그리고 캄캄한 밤이 되자, 서로의 창고에 밀 자루를 가져다 놓았지요.

또다시 아침이 되었어요. 두 사람은 눈을 의심할 수밖에 없었어요. 다음 날에도 각자의 창고에 있는 밀의 양이 줄어들지 않았던 거예요.

'도대체 이게 무슨 일이지? 꿈일 리 없어. 분명 어젯밤에 밀을 옮겨 놓았는데…'

'두 번씩이나? 이것 참 희한한 일이군.'

볼을 꼬집고, 눈을 비비고 다시 봐도 그대로였어요. 하지만 두 사람은 단념하지 않았어요.

마침내 세 번째로 밀을 옮기려는 날이었어요. 그날 밤도 형은 밀 자루를 어깨에 멘 채 동생의 창고로 향하고 있었어요. 그런데 그때였어요. '자박자박' 발소리가 들리기 시작했어요. 저쪽에서 검은 무언가가 걸어오고 있는 게 아니겠어요?

'이 캄캄한 밤에 도대체 누구지…'

형은 잔뜩 경계하며 조심스럽게 발을 내디뎠어요. 발소리가 점점 가까워지며, 두 사람 사이 거리도 좁혀졌어요.

그때, 구름에 가려져 있던 달이 드러나며 주변이 환해졌어요. 그런데 이게 웬일이에요? 달빛에 드러난 얼굴은 다름 아닌 동생이었던 거예요!

"아니, 너는…!"

"혀, 형님…!"

　두 사람은 서로의 얼굴을 보고 당황했어요. 하지만 이내 각자의 어깨에 메어져 있는 커다란 밀 자루를 보고는 웃음이 터졌어요.

　"내 창고에 밀이 줄어들지 않는 이유가 바로 너였구나!"

　"저도 마찬가지예요, 형님. 아무리 옮겨 놓아도 밀이 그대로였던 이유가 여기 있었네요."

　두 형제는 서로를 부둥켜안고는 한바탕 웃었어요. 그날 밤 형제의 웃음소리가 마을에 기분 좋게 울려 퍼졌어요.

 이야기를 읽고 맞으면 O, 틀리면 X 하세요.

1 형제는 줄어들었어야 하는 밀이 그대로여서 깜짝 놀랐어요. ☐

2 형제는 두 번이나 밀이 그대로이자 더 이상 서로의 창고에 밀을 가져다 놓지 않았어요. ☐

3 형제는 캄캄한 밤에 서로를 발견하고는 서로가 밀을 훔쳐 갔다고 생각했어요. ☐

4 형은 처음부터 검은 무언가가 동생이라는 것을 알아차렸어요. ☐

5 형제는 각자의 창고에 밀이 줄어들지 않는 이유를 끝까지 알지 못했어요. ☐

형과 아우가 한 생각이나 행동의 이유로 적절한 것을 골라 연결하세요.

1 줄어들어야 할 밀이 그대로인 것을 보고 •   • 경계했어요

2 밀을 두 번이나 옮겨도
   그대로였지만 두 사람은   •   • 부둥켜안았어요

3 형은 캄캄한 밤에 검은 누군가가
   걸어 오고 있어서   •   • 의아했어요

4 아무리 옮겨 놔도 밀이 그대로였던
   이유를 알게 되자 두 사람은   •   • 단념하지 않았어요

 두 사람이 자신의 창고에 있던 밀을 두 번이나 서로의 창고에 옮겨 놓았지만
밀은 줄어들지 않았어요. 그 이유를 써 보세요.

📎 추측한 어휘 확인하기   어휘력 키우기

 다음 단어의 뜻과 비슷한 것에 체크하세요.

1 의아했지만
   ☐ 신기했지만   ☐ 의심스럽고 이상했지만

2 눈을 의심했어요
   ☐ 본 것을 믿지 않았어요   ☐ 안 믿고 싶어서 보지 않았어요

3 희한한
   ☐ 무시무시한   ☐ 흔하지 않고 신기한

4 단념하지 않았어요
   ☐ 원래의 생각을 포기하지 않았어요   ☐ 세운 계획을 지키지 않았어요

5 경계하며
   ☐ 주위를 살피고 조심하며   ☐ 혼을 내며

어울리는 것을 찾아 줄로 이으세요.

1 고개를 •   • 내디뎠어요

2 눈을 •   • 의심했어요

3 발을 •   • 걸었어요

4 웃음이 •   • 터졌어요

5 자박자박 •   • 갸웃했어요

📎 **생각대로 표현하기**   표현력 키우기

 다른 사람에게 양보해 본 적이 있어요?
그때의 경험을 떠올려 보고 아래에 메모해 보세요.

언제 :

어디에서 :

무엇을 :

누구한테:

그때 기분 :

 위에서 메모한 내용을 정리해서 써 보세요.

_____

 다음 단어의 의미를 소리 내어 읽어 보고 단어를 활용해 빈칸을 채워 보세요.

의아하다	의심스럽고 이상하다 평소에는 사탕을 안 주는 엄마가 오늘은 먹으라고 해서 ☐☐☐☐.	
눈을 의심하다	내가 본 것을 잘못 보지 않았나 하면서 믿지 않고 이상하게 생각하다 책상 위에 가득 쌓인 선물을 보고 내 ☐☐☐ ☐☐☐☐.	
희한하다	그런 일이 많지 않아 신기하다 수족관에 ☐☐☐☐ 생긴 물고기들이 많이 있었다.	
단념하다	가지고 있던 생각을 포기하다 게임기를 사달라고 했지만 아빠가 절대 안 된다고 해서 ☐☐☐☐.	
자박자박	가볍게 발소리를 내면서 걷는 소리나 모양 비에 젖은 길을 ☐☐☐☐ 걸어갔다.	
경계하다	사고가 일어나지 않도록 살펴보고 조심하다 가까이 다가가자 강아지가 나를 ☐☐☐☐ 으르렁거렸다.	
내디디다	앞쪽으로 발을 옮기다 걸음마를 배우기 시작한 아기가 조심스럽게 발을 ☐☐☐☐.	
터지다	웃음이나 울음 등이 갑자기 한꺼번에 나오다 만화 영화에서 재미있는 장면이 나와서 웃음이 ☐☐☐.	
부둥켜안다	두 팔로 꼭 안다 친한 친구를 오랜만에 만나서 우리 둘은 서로 ☐☐☐☐☐.	
한바탕	크게 한 번 ☐☐☐ 큰 싸움이 일어나서 사람들이 웅성웅성했다.	

34

어휘 확인하기

 다음 단어를 보고 아는 것에 ✔ 표시하세요.

솔로몬과 두 엄마 1	솔로몬과 두 엄마 2	사이좋은 형제 1	사이좋은 형제 2
☐ 기발하다	☐ 추측하다	☐ 양보하다	☐ 의아하다
☐ 뚝딱	☐ 판결하다	☐ 자자하다	☐ 눈을 의심하다
☐ 무작정	☐ 공평하다	☐ 거두어들이다	☐ 희한하다
☐ 우기다	☐ 심상치 않다	☐ 차곡차곡	☐ 단념하다
☐ 눈 하나 깜짝 안 하다	☐ 자지러지다	☐ 치켜세우다	☐ 자박자박
☐ 기웃대다	☐ 슬금슬금	☐ 뒤척이다	☐ 경계하다
☐ 빼닮다	☐ 뒷걸음질하다	☐ 마음에 걸리다	☐ 내디디다
☐ 주장하다	☐ 꾸짖다	☐ 벌떡	☐ 터지다
☐ 고민에 빠지다	☐ 파렴치하다	☐ 눈을 붙이다	☐ 부둥켜안다
☐ 생각에 잠기다	☐ 사색	☐ 두 다리 뻗고 자다	☐ 한바탕

어휘 연습하기

솔로몬과 두 엄마 | 첫 번째 이야기

다음 빈칸에 들어갈 말을 골라 알맞게 고쳐 쓰세요.

기발하다	우기다	눈 하나 깜짝 안 하다	기웃대다

1 친구가 가위바위보에서 졌는데도 계속 다시 하자고 | 우 | 겼 | 다 | .

2 친구는 ☐☐☐☐☐☐☐ 거짓말을 했다.

3 친구가 내가 한 숙제를 보려고 이리저리 ☐☐☐ .

4 친구의 ☐☐☐ 아이디어에 모두 박수치면서 칭찬했다.

솔로몬과 두 엄마 | 두 번째 이야기

다음 빈칸에 들어갈 말을 골라 알맞게 고쳐 쓰세요.

공평하다	사색	판결하다	심상치 않다

1 선생님이 학생들에게 사탕을 두 개씩 ☐☐☐☐ 나눠 주셨다.

2 엄마가 동생 편만 들면서 내가 더 잘못했다고 ☐☐☐☐ 서운했다.

3 배탈이 나서 아무것도 못 먹었더니 얼굴이 ☐☐ 이 됐다.

4 구름이 잔뜩 끼고 바람이 세게 분다. 날씨가 ☐☐☐ ☐☐ .

다음 빈칸에 들어갈 말을 골라 알맞게 고쳐 쓰세요.

| 양보하다 | 자자하다 | 마음에 걸리다 | 뒤척이다 |

1 지하철에서 할머니, 할아버지를 보면 자리를 ☐☐☐☐ .

2 엄마에게 짜증을 부리고서 학교에 오니 ☐☐☐ ☐☐☐ .

3 지수는 양보도 잘하고 인사도 잘해서 칭찬이 ☐☐☐ .

4 고민이 생겨서 밤새 잠을 못 자고 ☐☐☐☐ .

다음 빈칸에 들어갈 말을 골라 알맞게 고쳐 쓰세요.

| 의아하다 | 눈을 의심하다 | 희한하다 | 단념하다 |

1 어제까지 사이가 좋지 않았던 두 사람이 오늘은 친하게 지내서 ☐☐☐☐ .

2 여름에 갑자기 눈이 와서 잘못 본 게 아닌가 하고 ☐☐ ☐☐☐☐ .

3 수족관에는 알록달록 ☐☐☐☐ 생긴 물고기들이 많이 있다.

4 엄마에게 게임기를 사달라고 졸랐지만 엄마가 절대 안 된다고 해서 게임기 사는 것을
☐☐☐ .

맥락 파악하기

솔로몬과 두 엄마

이야기를 순서에 맞게 나열해 보세요.

1 왕은 아이를 공평하게 둘로 나누어 가지라고 말했어요.

2 왕은 까만 머리 여인이 아이의 진짜 엄마라고 말하고 가짜 엄마를 벌줬어요.

3 어느 날 두 여인이 갓난아이를 데리고 솔로몬 왕을 찾아왔어요.

4 까만 머리 여인이 왕의 판결을 듣고 달려 나와 아이를 살려 달라고 했어요.

5 두 여인은 서로 자신이 아이의 진짜 엄마라고 주장했어요.

6 왕은 아이가 두 여인의 머리색과 눈동자를 모두 닮아 고민에 빠졌어요.

(3) - ( ) - ( ) - ( ) - ( ) - ( )

사이좋은 형제

 이야기를 순서에 맞게 나열해 보세요.

1 둘은 밀을 공평하게 반으로 나누어 각자의 집 창고에 가져다 두었어요.

2 사이좋은 형제는 함께 농사를 지었고 가을이 되어 기른 밀을 거둬들였어요.

3 형은 동생의 창고에, 동생은 형의 창고에 자신의 밀을 몰래 옮겼어요.

4 형과 동생은 밀을 똑같이 반으로 나눈 것이 마음에 걸렸어요.

5 형제는 각자의 창고에 있던 밀이 줄어들지 않아 의아했어요.

6 형제는 한밤중에 밀을 옮기는 서로를 발견하고 부둥켜안았어요.

(2) - ( ) - ( ) - ( ) - ( ) - ( )

중심 내용 떠올리기

 <솔로몬과 두 엄마>, <사이좋은 형제> 두 이야기 중 인상 깊게 읽은 이야기를 골라 전체 내용을 4컷 만화로 그려 보세요.

1

2

3

4

〈못생긴 랍비와 포도주〉 & 〈다시 찾은 금화〉

1일차	2일차	3일차	4일차
못생긴 랍비와 포도주 ①	못생긴 랍비와 포도주 ②	다시 찾은 금화 ①	다시 찾은 금화 ②
학습 어휘	학습 어휘	학습 어휘	학습 어휘
명쾌하다	두근두근	떼돈	날이 서다
줄을 잇다	미간	꾸물대다	탐탁지 않다
파다하다	기대에 차다	일분일초	빼꼼히
귀에 들어가다	형편없다	말을 붙이다	의심을 사다
정중하다	화가 머리끝까지 나다	눈 뜨고 코 베어 간다	어수룩하다
입을 다물지 못하다	추궁하다	으슥하다	조언을 구하다
볼품없다	눈치를 보다	온데간데없이	고민을 털어놓다
비아냥거리다	야단치다	가슴이 내려앉다	음흉하다
무례하다	망신 당하다	막막하다	부랴부랴
담그다	고개를 들다	머리를 굴리다	마음이 부풀다
공부한 날 ◯ 월 ◯ 일	공부한 날 ◯ 월 ◯ 일	공부한 날 ◯ 월 ◯ 일	공부한 날 ◯ 월 ◯ 일

5일차 | 복습하기　　　　　　　공부한 날 ◯ 월 ◯ 일

못생긴 랍비와 포도주 | 첫 번째 이야기

2주차 1일

생각하며 준비하기

사고력 키우기

 번쩍번쩍 빛이 나는 금 그릇과 오래된 나무통이 있어요.
여러분이라면 어디에 포도주를 담글 것 같아요? 왜 그렇게 할 거예요?

 호박은 어떻게 생긴 것 같아요? 호박으로는 어떤 일을 할 수 있을까요?
생각을 자유롭게 써 보세요.

호박은 울퉁불퉁 못생겼어요.
그렇지만 호박죽으로 만들어 먹으면
달고 맛있어요.

보기

빨간색으로 표시된 단어의 뜻을 생각하면서 다음 이야기를 읽어 보세요.

　어느 나라에 지혜로운 랍비*가 있었어요. 이 랍비는 모르는 것이 없을 정도로 똑똑한데다가, 고민이 있는 사람들에게는 명쾌한 해답을 주어 따르는 이들이 많았어요. 랍비의 집 앞에는 언제나 가르침을 받고 싶어 하는 사람들이 줄을 이었지요. 어느덧 나라 이곳저곳에 '지혜로운 랍비'에 대한 소문이 파다했어요.

　그러던 어느 날, 소문이 왕궁에까지 닿아 공주의 귀에 들어가게 되었어요.

　'도대체 어떤 분이길래 이렇게까지 소문이 난 걸까? 분명 아주 멋진 분이겠지?'

　공주는 지혜로운 랍비를 만나보고 싶었어요. 그래서 그를 왕궁으로 초대했지요.

　다음 날, 왕궁에 온 랍비는 공주를 보자 고개 숙여 정중하게 인사했어요.

　"공주님, 초대해 주셔서 영광입니다."

　랍비가 고개를 들자 공주는 입을 다물지 못했어요. 툭 튀어나온 광대뼈, 삐뚤빼뚤한 이에 자글자글한 주름까지… 랍비의 외모는 공주의 상상과는 달리 너무나 볼품없었어요.

　"세상에, 선생님의 훌륭한 지혜가 정말 못생긴 그릇에 담겨 있군요."

　공주는 랍비를 위아래로 훑어보며 비아냥거렸어요. 랍비는 공주의 무례한 말에 잠시 놀랐지만, 이내 허허 웃으며 아무렇지 않은 듯 말을 걸었어요.

　"하하. 공주님, 뭐 하나만 여쭤봐도 되겠습니까?"

　"그럼요, 말씀하세요."

　"왕궁에서는 어디에 포도주를 담그시는지요?"

　생각지도 못한 질문에 공주는 고개를 갸웃했어요.

　"그야 당연히 나무통에 담그죠."

* '랍비' : 유대인 선생님을 뜻하는 단어

공주의 대답에 랍비는 이상하다는 듯 말했어요.

"아니, 왕궁에서 드시는 귀한 포도주를 어째서 하찮은 나무통에 담그십니까?"

"그야 지금껏 그렇게 해왔으니까…."

"공주님, 생각해 보십시오. 왕궁에는 금, 은으로 만든 그릇이 넘쳐나지 않습니까?"

공주는 그 말을 듣고 눈을 반짝였어요.

"아하! 그동안 왜 그 생각을 못 했을까요? 과연 선생님은 듣던 대로 지혜로운 분이시군요."

공주는 곧바로 하인들에게 명령했어요.

"앞으로는 포도주를 모두 금, 은그릇에 담그도록 하여라."

 이야기를 읽고 맞으면 O, 틀리면 X 하세요.

1 나라 이곳저곳에 지혜로운 랍비에 대한 소문이 알려졌어요. ☐

2 공주는 지혜로운 랍비의 지혜를 시험하기 위해 왕궁으로 초대했어요. ☐

3 랍비의 외모는 공주의 상상만큼이나 멋져서 공주는 입을 다물지 못했어요. ☐

4 랍비는 공주의 예의 없는 행동에 기분이 상해 비아냥거렸어요. ☐

5 공주는 랍비의 말을 듣고 앞으로는 포도주를 금, 은그릇에 담그기로 했어요. ☐

공주가 랍비를 보고 한 말의 뜻은 무엇이었을까요?

 선생님의 훌륭한 지혜가 정말 못생긴 그릇에 담겨 있군요!

① 못생긴 사람은 지혜롭지 않다는 뜻이에요.
② 랍비는 지혜롭지만 정말 못생겼다는 뜻이에요.
③ 지혜로운 사람은 못생겼다는 뜻이에요.
④ 사람의 외모는 중요하지 않다는 뜻이에요.

 공주의 행동을 보고 두 사람이 이렇게 말했습니다. 여러분은 누구의 의견과 생각이 같아요? 왜 그렇게 생각하는지 이유를 써 보세요.

 지수

랍비의 멋있지 않은 외모를 보고 비아냥거린 건 나쁜 태도야.

 준혁

랍비의 외모가 멋지지 않으니까 공주가 무례하게 구는 건 당연한 거야.

(   )   (   )

이유: _____

📎 **추측한 어휘 확인하기**   어휘력 키우기

 다음 단어의 뜻과 비슷한 것에 체크하세요.

1 명쾌한

☐ 앞뒤 말이 맞고 분명한   ☐ 애매하고 답답한

2 소문이 파다했어요

☐ 소문이 사라졌어요   ☐ 소문이 널리 알려졌어요

3 정중하게

☐ 점잖게   ☐ 소중하게

4 볼품없었어요

☐ 관심이 없어졌어요   ☐ 겉모습이 초라했어요

5 비아냥거렸어요

☐ 비웃으며 놀렸어요   ☐ 소리치며 화냈어요

어울리는 것을 찾아 줄로 이으세요.

1 줄을 •   • 파다했어요

2 소문이 •   • 이었어요

3 귀에 •   • 다물지 못했어요

4 입을 •   • 훑어봤어요

5 위아래로 •   • 들어갔어요

생각대로 표현하기   표현력 키우기

 다음 빈칸에 들어갈 말을 자유롭게 써 보세요.

1   친구
우리 집 앞 케이크 가게가 유명해져서 사람들이 케이크를 사려고
줄을 이었어요.

 나
_____ 줄을 이었어요.

2 친구
친구가 내 수학 시험 성적을 보고 **비아냥거려서** 기분이 몹시 상했어요.

 나
_____ **비아냥거려서** _____.

 다음 단어의 의미를 소리 내어 읽어 보고 단어를 활용해 빈칸을 채워 보세요.

명쾌하다	말이나 글이 앞뒤가 잘 맞고 그 내용이 시원스럽다 김 선생님은 수학 문제를 ☐☐☐☐ 설명해 주신다.	
줄을 잇다	많은 사람이 계속해 줄을 서다 그 가수의 사인을 받으려는 사람들이 ☐☐☐ 있다.	
파다하다	소문이 널리 알려지다 나라 이곳저곳에 지혜로운 랍비에 대한 소문이 ☐☐☐☐.	
귀에 들어가다	어떤 말이나 이야기가 알려지다 쉿! 조용히 해. 이 이야기가 엄마 ☐☐☐☐☐ 크게 혼날 거야.	
정중하다	태도나 분위기가 점잖다 지수는 어른께 ☐☐☐☐ 인사 드렸다.	
입을 다물지 못하다	매우 감탄하거나 어이없어할 때 쓰는 말 산 정상에서 보이는 풍경이 너무 아름다워서 ☐☐☐☐☐☐☐☐.	
볼품없다	겉으로 보이는 모습이 초라하다 이 음식은 보기에는 ☐☐☐☐☐ 실제로 먹어 보면 정말 맛있다.	
비아냥거리다	비웃는 말을 하며 놀리다 친구가 내 그림을 보고 못 그렸다고 ☐☐☐☐☐☐ 기분이 나빴다.	
무례하다	말이나 행동에 예의가 없다 앞 사람을 밀치고 지나가는 것은 ☐☐☐ 행동이다.	
담그다	김치, 술, 장 등의 음식이 익도록 재료를 섞어 그릇에 넣어 두다 할머니께서 ☐☐☐ 김치는 정말 맛있다.	

못생긴 랍비와 포도주 | 두 번째 이야기

 생각하며 준비하기

 지난 이야기에서 읽은 내용을 아래 말을 사용해서 써 보세요.

공주	볼품없었어요	랍바	상상과는 달리	못생긴
지혜	훌륭한	그릇	담겨 있군요	외모

랍	비	의				는	공	주	의						

너	무	나						.	그	래	서				는

"	선	생	님	의						는			

그	릇	에					.	"	라고	말했어요.

 지난 이야기에서 랍비는 공주에게 금, 은그릇에 포도주를 담그는 것을 제안했어요. 금과 은그릇에 담근 포도주는 맛이 더 좋아졌을까요? 아닐까요?

빨간색으로 표시된 단어의 뜻을 생각하면서 다음 이야기를 읽어 보세요.

며칠 뒤, 왕궁에 손님이 찾아오자 왕은 공주를 불러 당부했어요.

"귀한 손님이 왔으니, 공주가 직접 포도주를 내오너라."

공주는 두근두근 설레는 마음으로 포도주를 가지러 갔어요.

'포도주를 귀한 금, 은그릇에 담가 놓았으니 맛이 훨씬 좋아졌을 거야. 분명 나를 칭찬하시겠지.'

곧 왕 앞에 번쩍번쩍한 금, 은그릇에 담긴 포도주가 놓였어요. 그런데 그걸 본 왕이 미간을 찌푸렸어요. 왕의 기분을 알아채지 못한 공주는 기대에 찬 눈으로 왕을 쳐다보며 말했어요.

"포도주의 맛이 아주 좋을 것입니다. 어서 드셔 보시지요."

왕은 포도주를 한 모금 마시자마자 곧바로 퉤 하고 뱉어버렸어요. 포도주의 맛이 형편없게 변해버렸기 때문이에요.

화가 머리끝까지 난 왕은 하인들을 한데 모아 추궁하기 시작했어요.

"도대체 누가 포도주를 금, 은그릇에 담갔느냐! 귀한 포도주를 모조리 버리게 생겼다. 누가 그랬는지 사실대로 말하지 않는다면 큰 벌을 받게 될 것이야!"

하인들은 서로 눈치만 보며 아무 말도 하지 못했어요. 그때, 고개를 푹 숙이고 있던 공주가 들릴 듯 말 듯 한 목소리로 왕에게 말했어요.

"…제가 그랬어요. 귀한 포도주에는 귀한 그릇이 어울릴 거라 생각해서 그만…."

공주의 말을 들은 왕은 모두가 있는 앞에서 공주를 호되게 야단쳤어요.

"한심하기 짝이 없구나! 지금껏 포도주를 나무통에 담근 이유가 있을 거라 생각하지 못한 것이냐?"

제대로 망신을 당한 공주는 도저히 고개를 들 수가 없었어요.

48

방으로 돌아온 공주는 곧바로 랍비를 불러 따졌어요.

"어째서 내게 그리 어리석은 방법을 알려준 겁니까! 당신은 분명 포도주를 금, 은그릇에 담그면 안 되는 것을 알고 있었을 텐데요!"

이에 랍비는 차분하게 대답했어요.

"공주님, 저는 단지 중요한 사실을 가르쳐 드리고 싶었을 뿐입니다. 훌륭한 것도 때로는 하찮은 그릇에 담아 놓는 게 나을 수 있다는 것을요."

공주는 홍당무처럼 새빨개진 얼굴이 되어 아무 말도 할 수가 없었어요.

 이야기를 읽고 맞으면 O, 틀리면 X 하세요.

1 공주는 금, 은그릇에 담가 놓은 포도주의 맛이 더 좋을 것이라고 생각했어요.

2 공주는 왕이 자신을 칭찬할 거란 생각에 두근두근 설레었어요.

3 금, 은그릇에 담가 놓은 포도주의 맛은 너무도 맛없게 변해버렸어요.

4 왕은 하인들에게 계속 물어서 금, 은그릇에 포도주를 담근 사람을 겨우 알아냈어요.

5 랍비는 공주에게 화가 나서 골탕 먹이기 위해 금, 은그릇에 포도주를 담그게 했어요.

랍비의 말을 다시 읽어 보고 훌륭한 것과 하찮은 그릇에 해당하는 것을 고르세요.

 훌륭한 것도 때로는 하찮은 그릇에 담아 놓는 게 나을 때가 있습니다.

① 나무통   ② 랍비의 지혜   ③ 맛있는 포도주   ④ 못생긴 외모

훌륭한 것	하찮은 그릇

 공주가 깨달은 것은 무엇이었을까요? 자유롭게 써 보세요.

📎 **추측한 어휘 확인하기**   어휘력 키우기

 다음 단어의 뜻과 비슷한 것에 체크하세요.

1 미간을 찌푸렸어요

　□ 놀라서 두 눈썹을 치켜세웠어요   □ 짜증나서 싫은 티를 냈어요

2 형편없게

　□ 매우 나쁘게   □ 공평하지 않게

3 화가 머리끝까지 난

　□ 화가 계속 나는   □ 매우 화가 난

4 추궁했어요

　□ 따져서 사실을 밝혔어요   □ 뭐가 좋을지 궁리했어요

5 망신을 당한

　□ 잘못 행동해서 사람들 앞에서 부끄러움을 당한   □ 여러 사람에게 미움을 받은

어울리는 것을 찾아 줄로 이으세요.

1 두근두근 •   • 당했어요

2 기대에 •   • 야단쳤어요

3 호되게 •   • 설레었어요

4 망신을 •   • 들 수가 없었어요

5 고개를 •   • 찾어요

📎 **생각대로 표현하기**   표현력 키우기

 다음 빈칸에 들어갈 말을 자유롭게 써 보세요.

1 두근두근 설렌다고 느낀 적이 있어요? 언제, 무엇을 할 때 그랬어요?

· 크리스마스 전날 산타 할아버지한테서 받을 선물을 기대하면서 잘 때
  두근두근 설렌다고 느꼈어요.
· _____ 두근두근 설렌다고 느꼈어요.

2 부끄러워서 **고개를 들 수 없었을** 때가 있었어요? 언제 무슨 일로 그랬어요?

· 복도를 걸어가다가 미끄러워서 넘어진 적이 있는데 그때 친구들이 다 웃어서
  고개를 들 수 없었어요.
· _____ 고개를 들 수 없었어요.

 다음 단어의 의미를 소리 내어 읽어 보고 단어를 활용해 빈칸을 채워 보세요.

두근두근	놀라거나 기대가 되어서 가슴이 빠르게 뛰는 모양 '생일 선물로 무엇을 받을까?'하고 가슴이 ☐☐☐ 뛰었다.
미간	양 눈썹 사이 길에서 쓰레기를 버리는 사람을 보고 ☐☐을 찌푸렸다.
기대에 차다	어떤 일이 이루어지기를 바라며 기다리는 마음으로 가득하다 동생은 ☐☐☐☐ 얼굴로 사탕 포장지를 뜯었다.
형편없다	결과나 상태가 매우 좋지 못하다 공부를 하나도 안 하고 시험을 봤더니 결과가 ☐☐☐☐☐.
화가 머리끝까지 나다	아주 화가 나다 동생이 자꾸 내 장난감을 망가뜨려서 ☐☐ ☐☐☐☐☐ ☐☐.
추궁하다	잘못한 일을 따져서 밝히다 선생님이 누가 교실 바닥을 더럽혔는지 ☐☐☐☐.
눈치를 보다	남의 마음이나 생각, 태도 등을 살피다 언니가 갑자기 쌀쌀맞게 대해서 ☐☐☐☐.
야단치다	큰 소리로 매우 심하게 꾸짖다 거짓말을 자주 한 아이를 부모님이 ☐☐☐☐.
망신 당하다	말이나 행동을 잘못하여 부끄러움을 당하다 틀린 답을 맞다고 우겨서 ☐☐ ☐☐.
고개를 들다	자신의 상황이나 말과 행동이 당당하다고 느껴 굽힐 것이 없이 행동하다 나의 잘못을 깨닫고 ☐☐☐ 수가 없었다.

다시 찾은 금화 | 첫 번째 이야기

2주차 3일

생각하며 준비하기

사고력 키우기

시골 장사꾼이 금화가 가득 든 자루를 들고 도시로 향하고 있어요. 장사꾼은 어떤 생각을 하고 있을까요? 빈칸 내용을 추측해 보고 자유롭게 써 보세요.

도시로 가서 _____하면
엄청난 돈을 벌 수 있을 거야!

소중한 물건이 있어요? 소중한 물건을 잃어버리지 않기 위해 어떻게 해요?

보기

일기장이 가장 소중해요. 그래서 아무도
못 보게 침대 밑에 꽁꽁 숨겨 놓았어요.

소중한 물건이 온데간데없이 사라진 적이 있나요? 그때 어떻게 했어요?

빨간색으로 표시된 단어의 뜻을 생각하면서 다음 이야기를 읽어 보세요.

어느 시골 마을에 꾀 많은 장사꾼이 살고 있었어요. 장사꾼은 이 마을 저 마을을 다니며 물건을 팔았어요.

그러던 어느 날, 장사꾼은 기발한 생각이 떠올랐어요.

'도시의 물건들을 싼값에 많이 사온 다음, 시골로 돌아와 비싸게 팔면 어떨까? 분명 엄청난 떼돈을 벌 거야! 꾸물대지 말고 어서 도시로 가야겠어.'

일분일초가 아까웠던 장사꾼은 급히 집으로 달려가 금화 백 냥을 챙겨 도시로 향했어요.

며칠 뒤, 장사꾼은 도시에 도착했어요. 도시는 시골과는 달리 너무나도 화려했어요. 그런데 정작 시장이 보이지 않는 거예요. 의아했던 장사꾼은 지나가던 남자에게 말을 붙였어요.

"실례합니다. 혹시 시장은 어디로 가야 있나요?"

"자네는 이곳 사람이 아닌가 보군. 시장은 3일 뒤 이곳에서 크게 열린다오. 그때 다시 오시구려."

남자의 말에 장사꾼은 걱정이 되기 시작했어요.

'도시에선 눈 뜨고 코 베이기 쉽다던데, 금화 백 냥을 계속 갖고 다니다가 도둑맞기라도 한다면…'

장사꾼은 상상하기도 싫은지 고개를 절레절레 흔들었어요. 한참을 고민하던 장사꾼은 결국 금화를 땅에 묻기로 했어요.

해가 지고 캄캄한 밤이 되자, 장사꾼은 개미 한 마리 보이지 않는 으슥한 곳으로 갔어요. 장사꾼은 주변을 살핀 뒤 땅을 깊게 파고서 금화 백 냥을 잽싸게 묻었어요.

'휴, 됐다. 아무도 이곳에 금화가 있다는 걸 모를 거야.'

장사꾼은 안심하며 돌아갔어요.

다음 날, 장사꾼은 묻어 놓은 금화가 잘 있는지 보러 갔어요. 그런데 이게 웬일이에요? 금화 백 냥이 온데간데없이 사라진 거예요! 장사꾼은 가슴이 철렁 내려앉았어요. 가진 돈을 모두 잃은 장사꾼은 앞길이 막막했지만, 다른 방법이 있을 거라 생각하고 고민하기 시작했어요. 그런데 그때, 수풀 너머에 집 한 채가 장사꾼의 눈에 들어왔어요. 수상하게 여긴 장사꾼은 그 집에 가까이 다가갔어요. 그 집 벽에는 큰 구멍이 하나 나 있었어요.

'이 집 주인이 구멍으로 내가 금화를 땅에 묻는 걸 본 게 틀림없어!'

장사꾼은 금화를 되찾기 위해 머리를 굴리기 시작했어요.

 이야기를 읽고 맞으면 O, 틀리면 X 하세요.

1 장사꾼은 시골 물건을 싼값에 많이 사서 도시에서 비싸게 팔 생각이었어요. ☐

2 시간이 많았던 장사꾼은 느긋하게 집에 있는 금화를 챙겨 도시로 향했어요. ☐

3 장사꾼은 도시에 도착하자마자 크게 열린 시장을 보며 감탄했어요. ☐

4 장사꾼은 아무에게도 들키지 않으려고 으슥한 곳으로 가 금화를 땅에 묻었어요. ☐

5 가진 돈을 모두 잃어 앞길이 막막해진 장사꾼은 결국 시골로 돌아갔어요. ☐

장사꾼이 도시에 온 다음에 일어난 상황을 순서대로 나열해 보세요.

 어떻게 하면 좋을까?

① 장사꾼은 결국 금화를 땅에 묻기로 했어요.
② 길에서 만난 남자는 시장은 3일 뒤에 크게 열린다고 했어요.
③ 장사꾼은 금화를 도둑맞을까 봐 걱정되기 시작했어요.

(   ) - (   ) - (   )

 장사꾼은 금화 백 냥이 사라진 이유를 무엇 때문이라고 생각했어요?

① 급하게 묻느라 금화를 땅에 제대로 묻지 못했기 때문에
② 금화 백 냥을 그냥 가지고 다니다가 도시에서 도둑을 맞아서
③ 수풀 너머 집 주인이 벽에 난 구멍으로 훔쳐보고 금화를 가져가서
④ 도시의 시장에서 값비싼 물건들을 금화 백 냥으로 다 샀기 때문에

📎 추측한 어휘 확인하기　　　　　　　　　　어휘력 키우기

 다음 단어의 뜻과 비슷한 것에 체크하세요.

1 떼돈
　　☐ 많은 돈　　　　　　　　　☐ 적은 돈

2 꾸물대지 말고
　　☐ 잽싸게 행동하고　　　　　☐ 느리게 행동하고

3 으슥한
　　☐ 정신이 없을 정도로 시끄러운　　☐ 무서울 정도로 깊숙한 곳에 있는

4 앞길이 막막했지만
　　☐ 앞날이 답답했지만　　　　☐ 앞으로 용기가 생겼지만

5 머리를 굴렸어요
　　☐ 머리를 좌우로 흔들었어요　　☐ 머리를 써서 해결 방법을 생각했어요

56

어울리는 것을 찾아 줄로 이으세요.

1	일분일초가 •		• 코 베어 간다
2	말을 •		• 내려앉았어요
3	눈 뜨고 •		• 사라졌어요
4	온데간데없이 •		• 붙였어요
5	가슴이 •		• 아까웠어요

📎 **생각대로 표현하기** 표현력 키우기

 다음 빈칸에 들어갈 말을 자유롭게 써 보세요.

1 가슴이 철렁 내려앉은 적이 있어요? 언제, 왜 그랬어요?

• 전날 숙제한 걸 깜빡하고 안 가져온 것을 알게 됐을 때 선생님한테 혼날 것 같아서 **가슴이 철렁 내려앉았어요.**

• _____ **가슴이 철렁 내려앉았어요.**

2 어떤 일을 할 때 **꾸물대요?** 그럴 때 부모님이나 선생님께서 뭐라고 하세요?

• 숙제하기 싫어서 빨리 안 하고 **꾸물대요.** 그럴 때 엄마가 후딱 하고 놀라고 잔소리를 하세요.

• _____ **꾸물대요.** _____.

 다음 단어의 의미를 소리 내어 읽어 보고 단어를 활용해 빈칸을 채워 보세요.

떼돈	매우 많은 돈 장사꾼은 도시의 물건을 비싸게 팔면 ☐☐ 을 벌 거라고 생각했다.
꾸물대다	느리고 게으르게 행동하다 학교 갈 시간이 다 됐는데 ☐☐☐☐ 엄마에게 혼이 났다.
일분일초	아주 짧은 시간 삼촌은 시험에 합격하기 위해서 ☐☐☐☐ 도 아껴가며 공부했다.
말을 붙이다	다른 사람에게 말을 걸다 학교 첫날 옆 자리에 앉은 친구에게 ☐☐☐☐☐.
눈 뜨고 코 베어 간다	눈을 멀쩡히 뜨고 있어도 코를 베어 갈 만큼 세상이 험하다는 말 ☐☐☐☐☐☐☐ 세상이니 항상 조심해야 해.
으슥하다	무서운 느낌이 들 만큼 깊숙하고 구석지다 깜깜한 밤에 ☐☐☐ 골목길을 걸으면 정말 무서울 거야.
온데간데없이	사라져서 찾을 수가 없이 조금 전까지 있었던 지우개가 ☐☐☐☐☐ 사라졌다.
가슴이 내려앉다	큰 충격으로 매우 놀라다 친구가 크게 다쳤다는 소식을 듣고 ☐☐☐☐ ☐☐☐☐☐.
막막하다	의지해야 할 곳이 없어서 외롭고 마음이 답답하다 가진 돈을 모두 잃은 장사꾼은 앞날이 ☐☐☐.
머리를 굴리다	머리를 써서 해결 방법을 생각해 내다 이 상황을 어떻게 해결할 거야? 빨리 ☐☐☐☐ 봐.

다시 찾은 금화 | 두 번째 이야기

 생각하며 준비하기

 지난 이야기에서 읽은 내용을 아래 말을 사용해서 써 보세요.

캄캄한 밤	장사꾼	땅	묻었어요
금화	백 냥	온데간데없이	사라져서
다음 날	내려앉았어요	철렁	가슴

장	사	꾼	은					에	금	화	백		냥	을

	에				.	그	런	데	다	음	날	,		

백	냥	이												

장	사	꾼	은	가	슴	이								.

 지난 이야기에서 장사꾼은 수풀 너머의 집 주인을 수상하게 생각했어요.
장사꾼은 금화를 되찾기 위해 어떤 행동을 할까요? 생각을 자유롭게 써 보세요.

 수풀 너머 집 주인이 훔쳐 간 게 분명하니까 그 집에 찾아가서 따질 거야.

독해력 키우기

 빨간색으로 표시된 단어의 뜻을 생각하면서 다음 이야기를 읽어 보세요.

좋은 생각이 떠오른 장사꾼은 그 집으로 가 대문을 쾅쾅 두드렸어요. 그러자 문 안에서 날이 선 목소리가 들렸어요.

"누군데 남의 집 문을 시끄럽게 두드리는 거요!"

이어 문이 반쯤 열리더니 탐탁지 않은 표정의 할아버지가 문밖으로 얼굴을 빼꼼히 내밀었어요.

"죄, 죄송합니다, 어르신. 저는 시골에서 온 장사꾼입니다. 이곳에 온 지 얼마 안 됐는데, 고민이 하나 생겨서요."

"고민이 있는데 왜 나를 찾아오는 거요? 도움을 줄 수 없으니 얼른 가시오."

"아, 제가 시골 촌놈이라 아는 게 얼마 없어서⋯."

장사꾼은 할아버지의 의심을 사지 않게 최대한 어수룩한 말씨로 말했어요.

"사람들에게 물어보니 여기 사는 어르신께 조언을 구하라고 해서요. 오랜 세월을 살아와 지혜가 많으실 거라고⋯"

"흐흠, 그런가? 그럼 어디 한 번 고민이나 들어보세."

장사꾼의 말에 기분이 한껏 좋아진 할아버지는 피식 웃으며 문을 활짝 열었어요. 장사꾼은 꾸벅 인사하고는 고민을 털어놓았어요.

"실은 제가 도시에서 물건을 사려고 금화 2백 냥을 가져왔습니다. 그런데 시장이 3일 뒤에나 열린다는 게 아닙니까. 계속 갖고 있다가 금화를 도둑맞을까 봐 무서워서 일단 금화 백 냥을 아무도 모르는 곳에 묻었어요. 그런데 남은 백 냥을 어떻게 해야 할지 모르겠습니다. 백 냥을 묻은 곳에 같이 묻는 게 나을까요, 다른 이에게 맡기는 게 나을까요?"

장사꾼이 묻자 할아버지는 음흉한 표정을 지으며 말했어요.

"   "

"그렇군요. 해가 지면 얼른 나머지 금화를 함께 묻어야겠어요. 고맙습니다."

장사꾼이 돌아가자 할아버지는 부랴부랴 집 안으로 들어가 훔쳤던 금화 백 냥을 가지고 나왔어요. 그리고 원래 있던 자리에 잽싸게 파묻었어요.

'흐흐, 금화 2백 냥이 내 것이 되겠군.'

할아버지는 금화를 가질 생각에 마음이 부풀었어요. 장사꾼은 나무 뒤에 숨어 이 모든 걸 지켜봤지요

'역시 내 생각이 맞았군. 저 할아버지가 범인이었어.'

장사꾼은 다행히 금화를 되찾을 수 있었어요.

 이야기를 읽고 맞으면 O, 틀리면 X 하세요.

1 할아버지는 오랜 세월을 살아온 만큼 지혜로워서 많은 사람들이 따랐어요. ☐

2 장사꾼은 할아버지의 의심을 피하기 위해 일부러 어수룩한 말씨로 말했어요. ☐

3 할아버지는 장사꾼이 걱정되어서 금화를 모두 땅에 묻으라고 조언했어요. ☐

4 할아버지는 금화를 두 배로 가지기 위해 훔쳤던 금화를 원래대로 묻어 놓았어요. ☐

5 할아버지가 장사꾼의 계획을 눈치 채는 바람에 장사꾼은 금화를 되찾지 못했어요. ☐

윗글에서 " _____ " 에 들어갈 할아버지의 대답으로 알맞은 것을 골라 써 보세요.

★ "도시는 눈뜨고 코 베어 가는 곳이니 항상 조심하시오."

★ "백 냥은 땅에 묻었으니 나머지 백 냥은 믿을 만한 사람한테 맡기시오."

★ "나머지 금화도 같은 곳에 묻으시오. 요즘 세상에 믿을 사람 하나 없거든."

 장사꾼에 대한 설명으로 맞지 않은 것을 고르세요.

① 할아버지를 범인이라고 생각했다.
② 할아버지에게 조언을 구하는 척 했다.
③ 장사꾼이 가진 돈은 200냥이다.
④ 할아버지가 더 많은 돈을 가지려고 훔친 돈을 돌려놓을 것이라 생각했다.

📎 **추측한 어휘 확인하기**   어휘력 키우기

 다음 단어의 뜻과 비슷한 것에 체크하세요.

1 날이 선 목소리
　　□ 날카로운 목소리　　　　　　　□ 부드러운 목소리

2 탐탁지 않은 표정
　　□ 마음에 쏙 드는 표정　　　　　□ 마음에 안 드는 표정

3 의심을 사지 않게
　　□ 상대방이 나를 믿지 못하게　　□ 상대방의 믿음을 얻으려고

4 어수룩한
　　□ 말이나 행동이 순진한　　　　□ 말이나 행동이 못된

5 음흉한
　　□ 속으로 나쁜 생각을 갖고 있는　□ 따뜻하고 배려심이 있는

어울리는 것을 찾아 줄로 이으세요.

1 빼꼼히 •   • 털어놓았어요

2 조언을 •   • 부풀었어요

3 고민을 •   • 내밀었어요

4 부랴부랴 •   • 갔어요

5 마음이 •   • 구했어요

📎 **생각대로 표현하기**   표현력 키우기

 다음 빈칸에 들어갈 말을 자유롭게 써 보세요.

1   친구
기차를 놓칠까 봐 밥을 먹는 둥 마는 둥 하고 **부랴부랴** 기차역으로 달려갔어요.

 나
_____ **부랴부랴** _____.

2 친구
방학 때 바닷가에 가서 놀다 올 거라는 이야기를 듣고 한껏 **기대에 부풀었어요.**

 나
_____ **기대에 부풀었어요.**

 다음 단어의 의미를 소리 내어 읽어 보고 단어를 활용해 빈칸을 채워 보세요.

날이 서다	날카롭다 기분이 상하는 일이 있었는지 친구가 ☐☐ ☐ 목소리로 말했다.
탐탁지 않다	마음에 들지 않고 만족스럽지 않다 부모님은 주말에 게임만 하는 아이를 ☐☐ ☐☐ 생각했다.
빼꼼히	작은 틈 사이로 아주 조금만 보이는 모양 누가 왔는지 보려고 창문 틈 사이로 ☐☐☐ 내다 보았다.
의심을 사다	상대방이 나를 믿지 못하게 되다 남에게 ☐☐☐ ☐☐ 행동은 처음부터 하지 말아야 한다.
어수룩하다	말이나 행동이 순진하다 그 사람은 행동이 ☐☐☐☐ 보이지만 그렇게 순진한 사람은 아니야.
조언을 구하다	도움이 되는 말을 해 달라고 부탁하다 어떤 책을 읽으면 좋을지 선생님께 ☐☐☐ ☐☐☐.
고민을 털어놓다	마음속에 있는 걱정거리를 숨김없이 모두 말하다 제일 친한 친구에게 나의 ☐☐☐ ☐☐☐☐.
음흉하다	겉과 다르게 속에 나쁜 마음을 가지고 있다 도둑은 ☐☐☐ 미소를 지으며 가게로 들어왔다.
부랴부랴	매우 급하게 서둘러서 약속 시간에 늦을 것 같아서 ☐☐☐☐ 출발했다.
마음이 부풀다	희망이나 기대로 마음이 가득 차다 다른 동네로 이사 간 친구를 오랜만에 만나서 ☐☐☐ ☐☐☐☐.

어휘 확인하기

 다음 단어를 보고 아는 것에 ✔ 표시하세요.

못생긴 랍비와 포도주 1	못생긴 랍비와 포도주 2	다시 찾은 금화 1	다시 찾은 금화 2
☐ 명쾌하다	☐ 두근두근	☐ 떼돈	☐ 날이 서다
☐ 줄을 잇다	☐ 미간	☐ 꾸물대다	☐ 탐탁지 않다
☐ 파다하다	☐ 기대에 차다	☐ 일분일초	☐ 빼꼼히
☐ 귀에 들어가다	☐ 형편없다	☐ 말을 붙이다	☐ 의심을 사다
☐ 정중하다	☐ 화가 머리끝까지 나다	☐ 눈 뜨고 코 베어 간다	☐ 어수룩하다
☐ 입을 다물지 못하다	☐ 추궁하다	☐ 으슥하다	☐ 조언을 구하다
☐ 볼품없다	☐ 눈치를 보다	☐ 온데간데없이	☐ 고민을 털어놓다
☐ 비아냥거리다	☐ 야단치다	☐ 가슴이 내려앉다	☐ 음흉하다
☐ 무례하다	☐ 망신 당하다	☐ 막막하다	☐ 부랴부랴
☐ 담그다	☐ 고개를 들다	☐ 머리를 굴리다	☐ 마음이 부풀다

어휘 연습하기

못생긴 랍비와 포도주 | 첫 번째 이야기

 다음 빈칸에 들어갈 말을 골라 알맞게 고쳐 쓰세요.

명쾌하다	귀에 들어가다	무례하다	비아냥거리다

1 내가 선물 받은 장난감을 보고 친구가 [　][　][　][　][　][　] 화가 났다.

2 책 내용을 몰랐는데 친구가 [　][　][　][　] 설명해 줘서 단번에 이해가 됐다.

3 친구들끼리 싸운 일이 선생님 [　][　] [　][　][　][　] 우리는 모두 혼났다.

4 다른 사람 발을 밟고도 사과하지 않고 지나가는 것은 [　][　] 행동이에요.

못생긴 랍비와 포도주 | 두 번째 이야기

다음 빈칸에 들어갈 말을 골라 알맞게 고쳐 쓰세요.

미간	형편없다	추궁하다	눈치

1 그 축구팀은 연습을 하나도 하지 않아서 실력이 [　][　][　][　].

2 누가 거짓말을 한 거냐고 엄마가 [　][　][　][　].

3 어디선가 고약한 냄새가 나서 [　][　]을 찌푸리며 손으로 코를 막았다.

4 잘못을 저질러서 선생님의 [　][　]를 봤다.

다음 빈칸에 들어갈 말을 골라 알맞게 고쳐 쓰세요.

다시 찾은 금화 | 첫 번째 이야기

| 꾸물대다 | 으슥하다 | 온데간데없이 | 머리를 굴리다 |

1 저녁에 먹으려고 아껴뒀던 케이크가 ⬚⬚⬚⬚⬚⬚ 사라졌다.

2 ⬚⬚⬚⬚ 말고 빨리빨리 준비해!

3 깜깜한 밤에 ⬚⬚⬚ 길을 걸으면 위험하니까 사람이 많은 큰길로 다녀.

4 친구와 그 문제를 해결하기 위해서 같이 ⬚⬚⬚ ⬚⬚⬚ .

다시 찾은 금화 | 두 번째 이야기

 다음 빈칸에 들어갈 말을 골라 알맞게 고쳐 쓰세요.

| 부랴부랴 | 날이 서다 | 탐탁지 않다 | 조언 |

1 고민이 생길 때마다 나는 부모님께 ⬚⬚ 을 구한다.

2 학교에 늦은 줄 알고 ⬚⬚⬚⬚ 가방을 메고 학교까지 달려갔다.

3 안 좋은 일이 있었는지 친구 목소리가 ⬚⬚ ⬚ 있었다.

4 수업 시간에 떠들고 장난치는 학생을 선생님이 ⬚⬚⬚ ⬚⬚ 생각했다.

맥락 파악하기

못생긴 랍비와 포도주

이야기를 순서에 맞게 나열해 보세요.

1 공주는 랍비에게 훌륭한 지혜가 못생긴 그릇에 담겨 있다는 무례한 말을 했어요.

2 공주는 금, 은그릇에 담근 포도주를 왕께 드리며 칭찬 받을 거라 기대했어요.

3 공주는 지혜로운 랍비를 만나고 싶어서 왕궁으로 초대했어요.

4 왕은 공주가 포도주를 금, 은그릇에 담근 것을 알고 공주를 야단쳤어요.

5 랍비는 귀한 포도주를 왜 하찮은 나무통에 담그냐고 물었어요.

6 훌륭한 것도 하찮은 그릇에 담을 수 있다는 랍비의 말에 공주는 부끄러웠어요.

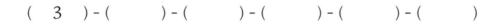

(3) - ( ) - ( ) - ( ) - ( ) - ( )

다시 찾은 금화

이야기를 순서에 맞게 나열해 보세요.

1 땅에 묻어 놓은 금화가 사라졌는데 그 근처에 큰 구멍이 난 집이 있었어요.

2 장사꾼은 시장이 3일 뒤 열린다는 것을 알고 돈을 도둑맞을까 봐 땅에 묻었어요.

3 집주인은 음흉한 표정으로 나머지 금화도 같은 곳에 묻으라고 했어요.

4 꾀 많은 장사꾼이 도시에서 돈을 벌려고 백 냥을 챙겨 도시로 갔어요.

5 장사꾼은 그 집주인에게 땅에 묻지 않은 금화 백 냥을 안전하게 보관할 수 있는 방법을 물어봤어요.

6 집주인은 이백 냥을 다 가지려고 훔쳤던 금화를 제자리에 두었고 장사꾼은 금화를 되찾을 수 있었어요.

(4) - ( ) - ( ) - ( ) - ( ) - ( )

68

중심 내용 떠올리기

<못생긴 랍비와 포도주>, <다시 찾은 금화> 두 이야기 중 한 이야기를 골라 가장 기억에 남는 장면을 그려 보세요.

위에서 그린 장면을 글로 표현해 보세요.

3주차 어휘 미리보기

〈배에 난 작은 구멍〉 & 〈보이지 않는 재산〉

1일차	2일차	3일차	4일차
배에 난 작은 구멍 ①	배에 난 작은 구멍 ②	보이지 않는 재산 ①	보이지 않는 재산 ②
학습 어휘	학습 어휘	학습 어휘	학습 어휘
보관하다	몰두하다	각양각색	들이닥치다
유심히	새까맣게 잊다	휘황찬란하다	아수라장
대수롭지 않다	기겁하다	으뜸	점령하다
미적거리다	내팽개치다	새 발의 피	애원하다
차일피일	간절히	지긋하다	약탈하다
입에 풀칠하다	가슴을 쓸어내리다	흘겨보다	빈털터리
사그라들다	시간 가는 줄 모르다	허름하다	전락하다
억지를 부리다	호의	동요하다	구걸하다
가시다	콧등이 시큰하다	아우성	꾀죄죄하다
허락이 떨어지다	베풀다	입만 살다	추천하다
공부한 날 ◯ 월 ◯ 일	공부한 날 ◯ 월 ◯ 일	공부한 날 ◯ 월 ◯ 일	공부한 날 ◯ 월 ◯ 일

5일차 | 복습하기   공부한 날 ◯ 월 ◯ 일

배에 난 작은 구멍 | 첫 번째 이야기

 생각하며 준비하기

 배에 구멍이 났어요. 구멍이 난 배를 타면 어떻게 될까요?

_____

_____

 배의 밑창에 작은 구멍이 난 것을 발견했어요.
여러분이 그림 속 남자라면 어떻게 할 것 같아요?

_____

_____

추측하며 읽고 풀기

 빨간색으로 표시된 단어의 뜻을 생각하면서 다음 이야기를 읽어 보세요.

어느 호숫가에 농부 가족이 살고 있었어요. 농부에게는 작은 배가 하나 있었어요. 농부는 종종 배를 끌고 호수로 가 낚시를 했어요. 가끔은 두 아이를 배에 태우고 즐거운 시간을 보내기도 했지요. 농부의 아이들은 특히나 따사로운 봄, 가을의 햇볕을 맞으며 배를 타고 노는 것을 가장 좋아했어요.

어느덧 쌀쌀한 가을을 지나 온몸이 꽁꽁 얼어붙는 겨울이 찾아왔어요.

"겨울이 왔으니 배는 창고에 보관해야겠군. 이제 봄이 오길 기다리는 수밖에."

농부는 호숫가에 묶어둔 배를 땅으로 끌어 올리려 했어요. 두 손으로 밧줄을 잡고 세게 힘을 주어 당겼지요. 그런데 그때였어요.

'빠직'

"아니, 이게 무슨 소리지?"

깜짝 놀란 농부는 배를 끌어 올리는 걸 멈추고, 여기저기 유심히 살펴보았어요. 아니나 다를까 배 밑창에 작은 구멍이 뚫려 있었어요. 농부는 잠시 고민했지만, 구멍의 크기가 생각보다 작아 보여 대수롭지 않게 여겼어요.

ㄱ'   '

농부는 미적거리며 배 수리를 차일피일 미루었어요. 그렇게 시간이 흘러 찬바람이 조금씩 잦아들던 어느 날, 이웃집의 나이 많은 페인트공이 농부네 집을 찾아왔어요.

"그동안 잘 지냈나?"

"네, 어르신은 잘 지내셨어요?"

"겨울 내내 일감이 없어 겨우 입에 풀칠하는 수준이었네. 내가 할 만한 일이 뭐 없을까?"

"음, 그러면 저희 집 작은 배에 페인트칠 좀 해주실래요? 배가 오래돼서 군데군

데 페인트가 벗겨졌거든요.”

"알겠네. 새것처럼 말끔하게 칠해주겠네.”

페인트공은 배를 정성껏 칠하고 돌아갔어요.

어느덧 매서운 추위가 사그라들고 따뜻한 봄바람이 살랑살랑 불어오기 시작했어요. 날씨가 풀리자 농부의 두 아들은 농부의 양팔에 매달려 배를 타게 해 달라고 억지를 부렸어요.

"아빠, 호수도 녹았으니 배 타러 가게 해주세요!"

"조금만 놀다 금방 올게요!"

농부는 추위가 다 가시지 않아 안 된다고 했지만, 아이들이 계속 조르자 배를 타고 노는 것을 허락했어요.

"그래, 대신 딱 한 시간만이다.”

농부의 허락이 떨어지자 아이들은 신이 나서 호숫가로 뛰어갔어요.

 이야기를 읽고 맞으면 O, 틀리면 X 하세요.

1 농부와 아이들은 차디찬 겨울에 호수에서 배를 타고 즐거운 시간을 보내고는 했어요. ☐

2 농부는 배를 땅으로 끌어올리다가 배 밑창에 구멍을 내고 말았어요. ☐

3 농부는 배 밑창에 난 작은 구멍을 대수롭지 않게 생각해 놔두었어요. ☐

4 페인트공은 겨울 내내 일감이 없어 힘든 생활을 했어요. ☐

5 농부는 배 밑창에 난 구멍이 걱정되어 아이들이 배를 타지 못하게 했어요. ☐

㉠에 들어갈 농부가 한 생각으로 가장 알맞은 것을 찾아 써 보세요.

① 큰일이군. 서둘러서 빨리 고쳐야겠어. ② 별일 아니니까 천천히 고치지 뭐.
③ 페인트공에게 고쳐달라고 부탁해야겠군. ④ 구멍이 작으니 수리를 안 해도 전혀 문제가 없겠어.

등장인물들과 관련된 것을 모두 찾아 줄로 이으세요.

1 농부 •	• 호숫가에서 배를 땅으로 끌어 올렸어요.
	• 겨울 내내 일감이 없었어요.
2 페인트공 •	• 배를 타게 해 달라고 고집을 부렸어요.
	• 배에 페인트칠을 열심히 했어요.
3 아이들 •	• 배에 난 구멍을 수리하지 않고 미뤘어요.
	• 신이 나서 호숫가로 뛰어갔어요.

📎 추측한 어휘 확인하기   어휘력 키우기

다음 단어의 뜻과 비슷한 것에 체크하세요.

1 유심히
　□ 주의 깊게　　　　　　　　　　□ 대충

2 대수롭지 않게
　□ 깔끔하지 않게　　　　　　　　□ 중요하지 않게

3 미적거리며
　□ 빨리 행동하지 않고 꾸물대며　　□ 조심스럽게 생각하며

4 입에 풀칠하는
　□ 입에 풀을 잔뜩 칠하는　　　　□ 힘들게 겨우 살아가는

5 사그라들고
　□ 늘어나고　　　　　　　　　　□ 줄어들고

 어울리는 것을 찾아 줄로 이으세요.

1	대수롭지 않게 •	• 가시지 않았어요
2	차일피일 •	• 떨어졌어요
3	억지를 •	• 미루었어요
4	추위가 •	• 여겼어요
5	허락이 •	• 부렸어요

📎 **생각대로 표현하기**　　　　　　　　　　　　　 표현력 키우기

 해야 할 일을 미룬 적이 있어요?
그때의 경험을 떠올려 보고 아래에 메모해 보세요.

언제 :

무엇을 :

왜 :

 위에서 메모한 내용을 한 문장으로 써 보세요.

_____

 해야 하는 일을 미뤄서 어떻게 됐어요?

 보기

방학 숙제를 계속 미루다가 개학 전날 숙제를
몰아서 하느라고 밤을 꼬박 샜어요.

_____

 다음 단어의 의미를 소리 내어 읽어 보고 단어를 활용해 빈칸을 채워 보세요.

보관하다	물건을 안전한 곳에 두고 관리하다 남은 음식이 상하지 않게 냉장고에 [ ][ ][ ] 두세요.
유심히	주의 깊게 이 수업은 어려우니까 [ ][ ][ ] 들어야 이해할 수 있어요.
대수롭다	대단하거나 중요하게 생각하다 내 친구는 [ ][ ][ ][ ] 않은 일에도 신경 쓰면서 걱정한다.
미적거리다	빨리 결정하거나 행동하지 않고 머뭇거리며 미루다 수학 문제를 풀기가 싫어서 [ ][ ][ ][ ] 다가 아빠한테 혼이 났다.
차일피일	약속을 조금씩 미루는 모양 방학 숙제를 [ ][ ][ ][ ] 계속 미루다가 결국 밤을 새워서 해야 했다.
입에 풀칠하다	먹을 것이 없을 만큼 힘들게 살아가다 나무꾼은 쉬지 않고 일을 해도 [ ][ ][ ][ ] [ ][ ] 기가 어려울 만큼 가난했다.
사그라들다	줄어들거나 거의 사라지다 약을 꾸준히 먹었더니 기침이 많이 [ ][ ][ ][ ][ ][ ].
억지를 부리다	안 될 일을 하려고 고집을 부리다 동생이 한겨울에 반팔 티셔츠를 입고 나가겠다고 [ ][ ][ ][ ][ ].
가시다	어떤 상태가 없어지다 시원한 물을 벌컥벌컥 마셨더니 갈증이 [ ][ ][ ].
허락이 떨어지다	부탁한 일을 하도록 들어주다 엄마 [ ][ ][ ][ ] [ ][ ][ ]야 주말에 나가 놀 수 있어.

배에 난 작은 구멍 | 두 번째 이야기

 📎 **생각하며 준비하기** 　　　　　　　　　　　　　　　　사고력 키우기

 지난 이야기에서 읽은 내용을 아래 말을 사용해서 써 보세요.

창고	배	농부	보관하려고	구멍

내고 말았어요　　　땅으로　　　끌어올리다가　　　배 밑창

대수롭지 않게 여겼어요　　　작아 보여　　　크기

농	부	는	배	를			에				땅	으	로
					배	밑	창	에	구	멍	을		
				.	그	런	데	농	부	는		의		가
작	아	보	여										.

 지난 이야기에서 농부는 배 밑창에 구멍이 난 것을 잊고 아이들에게 배를 타는 것을 허락했어요. 아이들에게 무슨 일이 일어날까요? 생각을 자유롭게 써 보세요.

추측하며 읽고 풀기

 빨간색으로 표시된 단어의 뜻을 생각하면서 다음 이야기를 읽어 보세요.

어느덧 아이들이 배를 타러 간 지 한 시간이 훌쩍 지나, 두 시간째가 되어 가고 있었어요. 농부는 일에 몰두하느라 시간이 흐르는 줄도 몰랐어요. 그런데 어느 순간, 새까맣게 잊고 있었던 기억이 떠올랐어요.

'이럴 수가! 배 밑창에 구멍이 났었잖아…!'

'우리 아이들은 수영을 못하는데…!'

그제서야 배에 구멍이 난 사실이 기억난 농부는 기겁하며 어쩔 줄 몰라 했어요.

농부의 심장이 방망이질하듯 마구 뛰기 시작했어요. 다급해진 농부는 하던 일을 내팽개치고 호숫가로 허겁지겁 뛰어갔어요. 농부는 제때 구멍을 메우지 않은 자신을 탓하며 간절히 기도했어요.

'신이시여, 제발 아이들을 살려주세요.'

조금 뒤, 거칠게 숨을 몰아쉬며 호숫가에 도착한 농부의 눈에 눈물이 그렁그렁 맺혔어요. 아이들이 까르르 웃으며 배에서 내려오고 있었기 때문이죠. 농부는 가슴을 쓸어내리며 아이들에게 달려갔어요.

"아빠! 죄송해요. 뱃놀이가 너무 재미있어서 시간 가는 줄 몰랐어요."

농부는 아이들을 두 팔로 세게 끌어안았어요.

"세상에, 무사해서 정말 다행이야."

농부는 곧장 배의 밑창을 확인했어요. 그런데 이게 웬일이에요? 구멍이 메워져 있었던 거예요.

'아니, 도대체 누가 구멍을 메워 놓은 거지?'

곧이어 농부의 머릿속에 얼마 전 찾아온 페인트공이 떠올랐어요.

'어르신께서 구멍을 메워 주신 거구나…!'

농부는 페인트공의 생각지도 못한 호의가 고마워 콧등이 시큰해졌어요.

다음 날, 농부는 아이들과 함께 감사의 선물을 들고 페인트공을 찾아갔어요. 페인트공은 농부를 맞이하며 물었어요.

"아니, 갑자기 무슨 일로 찾아오셨는가?"

"부탁을 따로 드린 것도 아닌데, 저희 배 밑창의 구멍을 메워 주셨더군요. 정말 감사합니다."

페인트공은 허허 웃으며 답했어요.

"아니, 별것 아닐세. 그저 나뭇조각으로 구멍을 막아 놓았을 뿐인 걸."

"아니에요. 어르신께서 호의를 베푸신 덕에 저희 아이들이 목숨을 건질 수 있었습니다."

농부는 페인트공의 손을 꼭 잡으며 눈물의 감사 인사를 전했어요.

이야기를 읽고 맞으면 O, 틀리면 X 하세요.

1 아이들이 배를 타러 간 지 한 시간이 지나자 농부는 슬슬 걱정하기 시작했어요. ☐

2 농부는 배 밑창에 난 구멍이 기억나자 침착하게 아이들을 구할 방법을 궁리했어요. ☐

3 호숫가에 도착한 농부는 아이들이 무사한 것을 보고 가슴을 쓸어내렸어요. ☐

4 페인트공은 농부의 부탁으로 배 밑창의 구멍을 메웠던 것이었어요. ☐

5 아이들이 목숨을 구할 수 있었던 이유는 페인트공의 작은 호의가 있었기 때문이에요. ☐

농부가 깜짝 놀라 호숫가로 뛰어간 이유가 뭐예요?

_____

 아이들은 어떻게 해서 안전하게 뱃놀이를 할 수 있었어요?

① 얕은 물에서 놀아서　　　　　　② 아버지가 달려와 도와줘서

③ 페인트공이 예전에 배를 고쳐줘서　④ 배를 타지 않고 호수 주변에서 놀아서

 이 이야기의 주제에 대해서 바르게 말한 사람은 누구일까요? (　　　　　　)

정국: 부모님 말씀을 안 듣고 억지를 부리면 위험에 처할 수 있어.

수지: 해야 할 일을 미루고 하지 않으면 다른 사람한테 피해를 주는 거야.

지민: 말하지 않아도 상대방을 배려한 페인트공의 마음에 감동 받았어.

추측한 어휘 확인하기　　　　　　　　어휘력 키우기

 다음 단어의 뜻과 비슷한 것에 체크하세요.

1 몰두하느라

☐ 집중하느라　　　　　　☐ 모아서 하느라

2 기겁하며

☐ 기절하며　　　　　　　☐ 깜짝 놀라며

3 가슴을 쓸어내렸어요

☐ 다행이라고 생각하며 안심했어요　☐ 가슴이 철렁 내려앉았어요

4 호의

☐ 친절한 마음　　　　　　☐ 싫어하는 마음

5 콧등이 시큰해졌어요

☐ 감동을 받아 눈물이 나려고 했어요　☐ 콧등이 시원해졌어요

어울리는 것을 찾아 줄로 이으세요.

1 새까맣게 •   • 시큰해졌어요

2 가슴을 •   • 잊었어요

3 시간 가는 줄 •   • 몰랐어요

4 콧등이 •   • 쓸어내렸어요

5 호의를 •   • 베풀었어요

📎 **생각대로 표현하기**   표현력 키우기

 다음 빈칸에 들어갈 말을 자유롭게 써 보세요.

1 어떤 일에 **시간 가는 줄 모르고 몰두해** 본 적이 있어요? 언제 그랬어요?

> • 그림 그릴 때는 **시간 가는 줄 모르고 몰두해요.** 엄마가 불러도 잘 못 듣고
>   계속 그릴 때가 있어요.
> • _____ **시간 가는 줄 모르고 몰두한** 적이 있어요.

2 다른 사람에게 **호의를 베풀어** 본 적이 있어요?

> • 아픈 친구에게 **호의를 베푼** 적이 있어요. 친구가 아파서 보건실에 간 적이
>   있는데 그때 친구 손을 잡고 같이 가 줬어요.
> • _____ **호의를 베푼** 적이 있어요.

 다음 단어의 의미를 소리 내어 읽어 보고 단어를 활용해 빈칸을 채워 보세요.

몰두하다	다른 일에 신경 쓰지 않고 한 가지 일에만 집중하다 친구는 블록으로 집을 만들 때는 ⬜⬜⬜ 느라 아무 소리도 못 듣는다.
새까맣게 잊다	어떤 일을 완전히 잊어버리다 숙제를 ⬜⬜⬜⬜ ⬜ 하지 않아서 선생님께 혼이 났다.
기겁하다	갑자기 너무 놀라거나 겁에 질리다 바퀴벌레를 발견하고 ⬜⬜⬜ 소리를 질렀다.
내팽개치다	사람을 돌보거나 일을 하지 않고 버려 두다 나는 놀이터에 가자마자 동생을 ⬜⬜⬜⬜ 친구와 놀았다.
간절히	무엇을 아주 많이, 강하게 바라다 시험에서 좋은 결과가 있기를 ⬜⬜ 기도했다.
가슴을 쓸어내리다	걱정이 해결되어서 다행이라고 마음을 놓다 아이들이 무사한 것을 보고 농부는 ⬜⬜⬜⬜⬜⬜⬜.
시간 가는 줄 모르다	어떤 일에 몰두하느라 시간이 얼마나, 어떻게 지났는지 모르다 친구와 오랜만에 만나서 ⬜⬜⬜⬜⬜ 이야기했다.
호의	친절한 마음 엄마는 다른 사람의 ⬜⬜ 에 항상 감사할 줄 알아야 된다고 하셨다.
콧등이 시큰하다	어떤 일에 감동을 받아서 눈물이 나오려고 하다 친구의 편지를 받고 감동을 받아 ⬜⬜⬜ ⬜⬜⬜.
베풀다	다른 사람에게 도움을 주다 다른 사람에게 호의를 ⬜⬜⬜ 나도 기분이 좋아진다.

 생각하며 준비하기   사고력 키우기

 '재산'이란 무엇일까요?
다음 그림에서 재산이라고 생각되는 것을 골라 보고 그 이유를 써 보세요.

 내가 가진 재산에는 어떤 것들이 있어요? 생각나는 대로 자유롭게 써 보세요.

 내가 가진 재산 중 가장 소중한 것은 뭐예요? 왜 그렇게 생각해요?

 보기   나의 가장 귀중한 재산은 할머니가 물려주신 피아노예요.
피아노를 칠 때마다 할머니와의 소중한 추억이 되살아나요.

추측하며 읽고 풀기

빨간색으로 표시된 단어의 뜻을 생각하면서 다음 이야기를 읽어 보세요.

한 랍비가 배를 타고 여행을 다니던 중이었어요. 랍비가 탄 배에는 각양각색의 다양한 사람들이 타고 있었는데, 유독 장사로 떼돈을 벌어 벼락부자가 된 사람들이 많았어요. 부자들은 윤기가 좌르르 흐르는 최고급 비단을 두르고, 각종 보석이 박힌 휘황찬란한 장신구로 온몸을 치장했어요. 그들은 갑판 중앙에 모여 서로 자신이 가진 값비싼 재산을 뽐내고 있었지요.

"제 반지 좀 보세요. 보석 중에 가장 으뜸이라는 다이아몬드로 만든 반지예요."

"이 진주 목걸이는 쉽게 구할 수도 없어요. 특별한 시기에만 나오는 귀한 진주거든요."

"에이, 모두 내 황금 저택에 비하면 새 발의 피죠. 나는 저택의 바닥을 모조리 황금으로 깔았답니다."

부자들은 콧대를 세우며 재산을 자랑하느라 바빴어요.

그런데 이때, 구석에서 혀를 차는 소리가 들렸어요.

"쯧쯧…."

부자들의 시선이 어느 한곳으로 쏠렸어요. 소리의 주인공은 다름 아닌, 나이가 지긋해 보이는 한 랍비였어요.

"보석이 뭐가 그리 중요한가? 보이는 재산에 신경 쓰는 것만큼 한심한 게 없다네."

랍비의 말에 기분이 상한 부자들은 그를 못마땅한 눈으로 흘겨봤어요. 랍비는 금방이라도 떨어질 것 같은 허름한 옷을 입고 있었거든요.

"당신은 재산이 얼마나 많길래 우리를 무시하는 거요?"

"옷을 보아하니, 굶지나 않으면 다행일 것 같은데요?"

부자들은 비아냥댔지만 랍비는 조금도 동요하지 않았어요.

"나에게는 당신들과 비교도 되지 않을 만큼 귀중한 재산이 있네."

랍비의 말에 부자들은 관심을 가지기 시작했어요.

"숨겨둔 보석이라도 있나요? 어떤 거죠?"

"그 정도로 귀중한 보석이라면 내게 파시오. 돈을 많이 쳐주겠소."

부자들은 너 나 할 것 없이 귀중한 재산을 보여 달라 아우성쳤어요.

"미안하지만 나의 재산은 눈에 보이지 않네. 그래서 보여줄 수가 없구려."

랍비의 말에 부자들은 콧방귀를 뀌며 말했어요.

"그럼 그렇지. 가진 것도 없는 주제에 입만 살아서 떠들기는."

실망한 부자들은 각자의 자리로 돌아갔어요.

그리고 그들의 평화로운 배 여행은 계속되었어요. 하지만 그 평화는 오래가지 못했어요.

 이야기를 읽고 맞으면 O, 틀리면 X 하세요.

1   랍비가 탄 배 안에는 장사로 떼돈을 벌어 벼락부자가 된 사람들만 있었어요.   ☐

2   부자들은 휘황찬란한 장신구로 온몸을 치장한 채 자신의 물건을 자랑하기 바빴어요.   ☐

3   랍비는 자랑만 해대는 부자들이 한심하다고 느껴져서 혀를 찼어요.   ☐

4   부자들은 랍비의 허름한 겉모습을 보고는 분명 재산이 적을 거라고 짐작했어요.   ☐

5   부자들은 랍비가 엄청난 재산을 숨기고 있다고 생각해 끝까지 랍비에게 물었어요.   ☐

부자들이 재산이라고 생각한 것을 모두 골라 보세요.

다이아몬드 반지	진주 목걸이	지식	황금 저택

 랍비와 부자들이 나눈 이야기입니다.
부자들은 랍비에게 왜 콧방귀를 뀌며 이야기했어요?

 미안하지만 나의 재산은 눈에 보이지 않네. 그래서 보여줄 수가 없구려.

 그럼 그렇지. 가진 것도 없는 주제에 입만 살아서 떠들기는.

① 부자들은 랍비가 가진 보석을 자신들에게 팔지 않았기 때문에
② 부자들은 랍비의 지혜롭고 똑똑한 모습이 부러웠기 때문에
③ 부자들은 랍비가 재산이 없으면서 있다고 허풍을 떨었다고 생각해서
④ 부자들은 랍비가 가진 장신구가 비싸고 멋져 보이지 않았기 때문에

📎 추측한 어휘 확인하기　　　　　　　　　　　　　어휘력 키우기

 다음 단어의 뜻과 비슷한 것에 체크하세요.

1 각양각색의
　☐ 여러 모습으로 다양한　　　　☐ 비슷비슷한

2 흘겨봤어요
　☐ 다정하게 쳐다봤어요　　　　☐ 째려보듯 쳐다봤어요

3 동요하지 않았어요
　☐ 불안해서 마음이 바뀌었어요　　☐ 생각이 달라지지 않았어요

4 아우성쳤어요
　☐ 큰 소리를 내며 떠들었어요　　☐ 이리저리 기웃댔어요

5 입만 살아서
　☐ 말만 그럴듯하게 해서　　　　☐ 나쁜 말을 잘해서

어울리는 것을 찾아 줄로 이으세요.

1 나이가 •   • 피

2 입만 •   • 지긋해 보였어요

3 휘황찬란한 •   • 살았어요

4 새 발의 •   • 장신구

5 아우성 •   • 쳤어요

📎 **생각대로 표현하기**   표현력 키우기

 다음 빈칸에 들어갈 말을 자유롭게 써 보세요.

1 친구
봄에 산에 가면 **각양각색**의 꽃들이 많이 피어 있어서 아주 아름다워요.

 나
_____ **각양각색**의 _____.

2 친구
놀이기구를 타려고 줄을 서서 기다리고 있는데 어떤 사람이 새치기를 해서 그 사람을 **흘겨봤어요**.

 나
_____ **흘겨봤어요**.

3일차
어휘 정리하기

 다음 단어의 의미를 소리 내어 읽어 보고 단어를 활용해 빈칸을 채워 보세요.

각양각색	여러 가지 모양과 색깔 어제 간 식당에는 ☐☐☐ 의 맛있는 음식들이 많이 있었다.
휘황찬란하다	눈이 부시게 반짝반짝 빛나다 ☐☐☐☐ 옷을 입고 파티에 갔다.
으뜸	여럿 가운데 가장 훌륭하거나 첫 번째가 되는 것 지수의 노래 실력은 우리 학교에서 ☐☐ 이다.
새 발의 피	아주 중요하지 않은 일이나 양이 한참 부족함을 뜻하는 말 네가 가지고 있는 건 내 것에 비하면 ☐☐☐ 야.
지긋하다	나이가 좀 많이 들어 믿음직하다 나이가 ☐☐☐ 우리 반 선생님은 학생들에게 좋은 말씀을 많이 해주신다.
흘겨보다	눈동자를 옆으로 굴려 쨰려보는 눈으로 보다 친구가 마음에 안 든다는 듯이 나를 ☐☐☐.
허름하다	낡다 부자들은 ☐☐☐ 옷을 입은 랍비를 무시했다.
동요하다	마음이나 생각이 자꾸 달라지다 랍비는 부자들이 아무리 비웃고 비아냥거려도 ☐☐☐☐ 않았다.
아우성	여럿이 외치거나 떠드는 소리 불이 나는 바람에 사람들이 한꺼번에 밖으로 나오려고 ☐☐ 이었다.
입만 살다	실천은 하지 않고 말로만 잘한다 ☐☐☐☐☐ 지키지도 못할 약속만 한다.

보이지 않는 재산 | 두 번째 이야기

생각하며 준비하기

사고력 키우기

지난 이야기에서 읽은 내용을 아래 말을 사용해서 써 보세요.

눈	귀중한	보이지 않는
재산	랍비	떠들기는	부자들
콧방귀를 뀌며		입만 살아서

랍	비	는	"	나	에	게	는		에						

					이	있	다	오	.	" 라고 말했어요.

하	지	만	부	자	들	은							랍	비

에	게	"							.	" 이라고 말했어요.

다음은 지난 이야기의 마지막 부분이에요.
과연 그들에게 무슨 일이 생긴 걸까요? 생각을 자유롭게 써 보세요.

> 그들의 평화로운 배 여행은 계속되었어요. 하지만 그 평화는 오래가지 못했어요.

빨간색으로 표시된 단어의 뜻을 생각하면서 다음 이야기를 읽어 보세요.

배가 바다 한가운데를 지날 때였어요.

"해적이다! 해적이 들이닥쳤다!"

배 안은 순식간에 사람들의 비명으로 가득 차 아수라장이 되었어요. 무기를 이용해 배 이곳저곳을 점령한 해적들은 갑판 중앙에 사람들을 끌고 와 외쳤어요.

"가진 물건들을 모두 내놓아라! 그렇지 않으면 한 놈도 살려 두지 않겠다!"

"제발 살려만 주십시오. 원하시는 건 다 드리겠습니다!"

배 안의 부자들은 큰 소리로 울부짖으며 살려달라고 무릎을 꿇고 애원했어요. 그들은 걸치고 있던 비단옷과 휘황찬란한 보석들을 빠짐없이 내놓았어요. 해적들은 그들의 금은보화뿐 아니라 배 구석구석에 있던 식량들까지 약탈했어요. 그리고는 타고 있던 배까지 빼앗아 모두를 낯선 도시에 내려놓고 떠났지요. 부자들은 가진 것 없는 빈털터리로 전락하여 처음 보는 곳에서 다시 살아가야만 했어요.

그 후로 1년이 지났어요.

"한 푼만 줍쇼. 아무것도 가진 것 없는 우리를 위해 한 푼만 줍쇼."

길거리에서 거지들이 구걸하고 있었어요. 그들은 오랫동안 씻지 못해 꾀죄죄한 모습이었어요.

그때 마침, 근처 학교에서 수업이 끝나는 종이 울렸어요. 선생님과 학생들로 보이는 사람들이 우르르 쏟아져 나왔지요. 그런데 학생들과 도란도란 이야기꽃을 피우며 걸어오는 선생의 얼굴이 보이자 거지들은 모두 깜짝 놀랐어요.

"아니, 당신은 그때 그 랍비…!"

거지들의 얼굴을 본 선생 또한 함께 놀랄 수밖에 없었어요. 그들은 1년 전 함께 배를 탔던 부자들이었기 때문이죠.

"아니, 랍비 당신은 어떻게 그대로인 겁니까!"

"나는 그때부터 이곳 학교에서 학생들을 가르쳐 왔다네."

1년 전 모두가 배에서 내려졌을 당시, 이 도시에는 교사의 수가 부족했어요. 그때, 랍비와 대화를 몇 번 나누어 본 이곳 주민이 랍비를 추천해 랍비는 교사가 될 수 있었던 것이었죠.

거지들은 머리를 망치로 얻어맞은 듯 멍했어요.

"당신이 말한 '눈에 보이지 않는 재산'이 무엇인지 이제야 알았습니다. 그것은 바로 당신의 지식이었군요."

거지들은 자신들의 어리석음을 깨닫고 후회의 눈물을 흘렸어요.

 이야기를 읽고 맞으면 O, 틀리면 X 하세요.

1 해적들이 갑자기 들이닥치는 바람에 평화롭던 배 안은 순식간에 아수라장이 됐어요. ☐

2 부자들은 해적들에게 값비싼 보석을 빼앗기지 않기 위해 안간힘을 쓰며 버텼어요. ☐

3 재산을 모두 잃고 빈털터리가 된 부자들은 길거리에서 구걸하며 살아가고 있었어요. ☐

4 랍비는 자신의 지식 덕분에 새로운 도시에서도 잘 지낼 수 있었어요. ☐

5 랍비는 거지로 전락해 버린 부자들의 모습을 보며 꼴좋다고 생각했어요. ☐

1년 후 부자와 랍비는 어떻게 되었어요? 알맞은 곳에 줄을 이으세요.

 •

• 거지 •

랍비의 재산은 아무도 훔쳐
가지 못하는 지식이어서

 •

• 선생님 •

부자들의 재산은 해적들이
모두 훔쳐 가 버려서

 <보이지 않는 재산>을 읽고 느낀 점을 자유롭게 써 보세요.

 다음 단어의 뜻과 비슷한 것에 체크하세요.

1 들이닥쳤다
☐ 도망갔다   ☐ 갑자기 들어왔다

2 아수라장
☐ 조용하고 아늑한 장소   ☐ 정신없이 복잡한 상황

3 애원했어요
☐ 간절히 부탁했어요   ☐ 맞서 싸웠어요

4 전락했어요
☐ 신분이 떨어졌어요   ☐ 오락가락했어요

5 구걸하고
☐ 말을 걸고   ☐ 먹을 것을 달라고 부탁하고

어울리는 것을 찾아 줄로 이으세요.

1 아수라장이 •   • 전락했어요

2 식량을 •   • 됐어요

3 빈털터리로 •   • 약탈했어요

4 모습이 •   • 꾀죄죄했어요

5 구걸을 •   • 했어요

📎 생각대로 표현하기   표현력 키우기

 보이지 않는 재산에는 어떤 것이 있을까요? 아래에서 모두 골라 봅시다.

| 건강 | 지식 | 지혜 | 돈 |

 위의 보이지 않는 재산 중에서 하나를 골라 이것을 늘릴 수 있는 방법을 생각해 보세요.

무엇을 늘리고 싶어요?	
왜 늘리고 싶어요?	
어떤 방법으로 늘릴 수 있을까요?	

 다음 단어의 의미를 소리 내어 읽어 보고 단어를 활용해 빈칸을 채워 보세요.

들이닥치다	갑자기 마구 들어오다 은행에 갑자기 강도가 ⬜⬜⬜⬜ 손님과 직원들이 깜짝 놀랐다.
아수라장	싸움이 일어나 여러 사람들이 몰려들어 복잡해진 상황이나 장소 쇼핑몰에 불이 나서 순식간에 ⬜⬜⬜⬜이 되었다.
점령하다	힘으로 어떤 장소를 빼앗다 적군이 순식간에 수도를 ⬜⬜⬜⬜ 그곳에 살던 사람들이 도망쳤다.
애원하다	소원을 들어 달라고 간절히 부탁하다 큰 잘못을 저지른 친구가 용서해 달라고 ⬜⬜⬜⬜.
약탈하다	폭력이나 힘을 사용해서 남의 것을 빼앗다 해적들은 배에 들이닥쳐 부자들의 보석을 모두 다 ⬜⬜⬜⬜.
빈털터리	재산을 다 잃어 아무것도 가진 것이 없는 사람 사업에서 실패한 그는 이제 ⬜⬜⬜⬜가 되었다.
전락하다	상태나 신분이 나빠지다 우등생이었던 친구는 중학생이 되면서 문제 학생으로 ⬜⬜⬜⬜.
구걸하다	남에게 돈이나 물건, 먹을 것을 돈을 주지 않고 그냥 달라고 하다 사람들은 길에서 ⬜⬜⬜⬜ 사람을 못 본 척하고 지나갔다.
꾀죄죄하다	모습이 지저분하고 초라하다 며칠 제대로 씻지도 못했으니까 ⬜⬜⬜⬜ 수밖에 없다.
추천하다	어떤 것을 책임지고 소개하다 민수가 ⬜⬜⬜ 준 책은 몹시 재미있었다.

94

3주차 5일 〈배에 난 작은 구멍〉 & 〈보이지 않는 재산〉 복습하기

 어휘 확인하기

 다음 단어를 보고 아는 것에 ✓ 표시하세요.

배에 난 작은 구멍 1	배에 난 작은 구멍 2	보이지 않는 재산 1	보이지 않는 재산 2
☐ 보관하다	☐ 몰두하다	☐ 각양각색	☐ 들이닥치다
☐ 유심히	☐ 새까맣게 잊다	☐ 휘황찬란하다	☐ 아수라장
☐ 대수롭지 않다	☐ 기겁하다	☐ 으뜸	☐ 점령하다
☐ 미적거리다	☐ 내팽개치다	☐ 새 발의 피	☐ 애원하다
☐ 차일피일	☐ 간절히	☐ 지긋하다	☐ 약탈하다
☐ 입에 풀칠하다	☐ 가슴을 쓸어내리다	☐ 흘겨보다	☐ 빈털터리
☐ 사그라들다	☐ 시간 가는 줄 모르다	☐ 허름하다	☐ 전락하다
☐ 억지를 부리다	☐ 호의	☐ 동요하다	☐ 구걸하다
☐ 가시다	☐ 콧등이 시큰하다	☐ 아우성	☐ 꾀죄죄하다
☐ 허락이 떨어지다	☐ 베풀다	☐ 입만 살다	☐ 추천하다

어휘 연습하기

배에 난 작은 구멍 | 첫 번째 이야기

 다음 빈칸에 들어갈 말을 골라 알맞게 고쳐 쓰세요.

미적거리다	대수롭다	차일피일	억지를 부리다

1 하기 싫은 일은 자꾸 ☐☐☐☐ 미루게 된다.

2 학교 갈 준비를 빨리 안 하고 ☐☐☐☐☐ 엄마한테 결국 혼났다.

3 동생이 장난감을 사 달라고 ☐☐☐☐ ☐☐☐ 난감했다.

4 다른 사람의 기분을 ☐☐☐☐ 않게 생각하고 함부로 말하면 안 된다.

배에 난 작은 구멍 | 두 번째 이야기

다음 빈칸에 들어갈 말을 골라 알맞게 고쳐 쓰세요.

몰두하다	기겁하다	내팽개치다	베풀다

1 내 동생은 좋아하던 장난감을 ☐☐☐☐☐ 새 장난감을 가지고 놀았다.

2 나는 책을 읽을 때는 누가 불러도 모를 정도로 책 읽기에 ☐☐☐☐ .

3 교실에 바퀴벌레가 나타나서 친구들이 모두 ☐☐☐☐ 소리를 질렀다.

4 호의를 ☐☐☐ 주셔서 감사합니다.

다음 빈칸에 들어갈 말을 골라 알맞게 고쳐 쓰세요.

| 각양각색 | 흘겨보다 | 허름하다 | 동요하다 |

1 그 식당은 ⬜⬜⬜⬜ 음식 맛은 아주 훌륭하다.

2 큰불이 났지만 사람들은 ⬜⬜⬜ 않고 차례차례 대피했다.

3 지하철에서 큰 소리로 떠드는 사람들을 ⬜⬜⬜⬜ .

4 봄에 공원에 가면 ⬜⬜⬜⬜ 의 꽃들이 피어 있다.

 다음 빈칸에 들어갈 말을 골라 알맞게 고쳐 쓰세요.

| 아수라장 | 들이닥치다 | 전락하다 | 꾀죄죄하다 |

1 갑자기 소나기가 내려서 내 방 창문으로 빗물이 ⬜⬜⬜⬜⬜ .

2 가수를 보려고 사람들이 몰려드는 바람에 주변이 ⬜⬜⬜⬜ 이 됐다.

3 며칠 동안 제대로 씻지 못하면 ⬜⬜⬜⬜ 수밖에 없다.

4 팀에서 최고 선수였던 친구는 연습을 게을리해서 후보 선수로 ⬜⬜⬜⬜ 말았다.

맥락 파악하기

 이야기를 순서에 맞게 나열해 보세요.

배에 난 작은 구멍

1 다행히 아이들은 무사했어요.

2 봄이 되어 호수에서 배를 타게 해 달라고 아이들이 조르자 농부는 허락해 주었어요.

3 농부는 아이들이 배를 타러 간 한참 후에야 배에 난 구멍을 떠올리고 깜짝 놀라 호수로 달려갔어요.

4 배를 끌어올리다가 배에 작은 구멍이 생겼지만 농부는 수리를 미뤘어요.

5 농부를 찾아온 페인트공은 구멍 난 배에 말끔하게 페인트 칠을 해주고 돌아갔어요.

6 배에 난 구멍을 페인트공이 메워 준 사실을 알게 된 농부는 페인트공의 호의에 감사했어요.

(4) - ( ) - ( ) - ( ) - ( ) - ( )

 이야기를 순서에 맞게 나열해 보세요.

보이지 않는 재산

1 허름한 랍비를 보고 비웃는 부자들에게 랍비는 자신에게는 눈에 보이지 않는 재산이 있다고 했어요.

2 그러던 어느 날 갑자기 해적이 배에 들이닥쳤어요.

3 랍비는 보이는 재산에 신경 쓰는 것은 한심한 일이라고 말했지만 부자들은 허름한 랍비를 보고 비아냥댔어요.

4 해적들은 부자들의 보석과 돈을 모두 빼앗아 갔고 부자들은 빈털터리가 됐어요.

5 랍비가 탄 배에서 벼락부자가 된 사람들은 서로 자신의 재산을 뽐내고 있었어요.

6 1년 후 부자들은 거지가 되어 구걸하며 지내게 되었고 지식을 가진 랍비는 교사가 되어 지내고 있었어요.

(5) - ( ) - ( ) - ( ) - ( ) - ( )

중심 내용 떠올리기

 <배에 난 작은 구멍>, <보이지 않는 재산> 각 이야기에서 가장 기억에 남는 인물을 골라 그려 보세요. 그리고 그 인물의 특징과 인물을 보고 느낀 점을 써 보세요.

배에 난 작은 구멍

<인물 특징>

<인물 그림>

<인물을 보고 느낀 점>

보이지 않는 재산

<인물 특징>

<인물 그림>

<인물을 보고 느낀 점>

4주차

어휘 미리보기 〈지혜로운 아버지의 유서〉 & 〈세 친구〉 & 〈바람에 날린 깃털〉 & 〈장님과 등불〉

1일차	2일차	3일차	4일차
지혜로운 아버지의 유서	세 친구	바람에 날린 깃털	장님과 등불
학습 어휘	학습 어휘	학습 어휘	학습 어휘
막대하다	성실히	허풍을 떨다	칠흑
이름나다	여기다	말을 옮기다	묵다
차도	난데없이	헛소문	기색
실룩거리다	뇌물	시달리다	바닥나다
세상을 떠나다	싸늘하다	피해를 보다	엎친 데 덮친 격
착잡하다	단호하다	앞다투다	욱신거리다
끔찍이	철석같이 믿다	하소연하다	화색이 돌다
발끈하다	상심하다	귀담아듣다	가까스로
홀가분하다	꺼리다	태연하다	가리키다
넉넉히	예상하다	오해를 풀다	인자하다
공부한 날	공부한 날	공부한 날	공부한 날
◯월 ◯일	◯월 ◯일	◯월 ◯일	◯월 ◯일

5일차 | 복습하기 　　　　　　　공부한 날 ◯월 ◯일

4주차 1일 지혜로운 아버지의 유서 | 첫 번째 이야기

📎 **생각하며 준비하기** 사고력 키우기

 지난 이야기에서 읽은 내용을 아래 말을 사용해서 써 보세요.

하인	아들	유서

살날이 얼마 남지 않은 부자가 [　][　] 를 써서 자신의 [　][　] 에게

전달해 달라고 [　][　] 에게 부탁했어요.

 아버지가 아들에게 남긴 유서에는 다음 내용이 쓰여 있었어요. 아들은 유서를 읽고 어떤 생각을 했을까요? 왜 그렇게 생각했을지 상상해 보고 자유롭게 써 보세요.

> 내 전 재산은 하인에게 물려준다.
>
> 단, 내 아들은 재산 중 단 한 가지를 선택해 가질 수 있다.

빨간색으로 표시된 단어의 뜻을 생각하면서 다음 이야기를 읽어 보세요.

　　마을 땅 대부분이 그의 것일 정도로 막대한 재산을 가진 부자가 있었어요. 부자에게는 눈에 넣어도 아프지 않을 외아들이 있었는데, 그는 아들이 지혜롭게 자라길 원했어요. 그래서 아들을 저 멀리 예루살렘의 이름난 학교에 보냈어요.

　　그런데 언제부턴가 부자는 이름 모를 병에 걸려 시름시름 앓기 시작했어요. 아무리 좋다는 약을 구해 먹어도 병에 차도가 없었어요.

　　어느 날, 부자는 살날이 얼마 남지 않았음을 느끼고는 하인을 불러 유서를 썼어요.

　　내 전 재산은 하인에게 물려준다.

　　단, 내 아들은 재산 중 단 한 가지를 선택해 가질 수 있다.

　　"내가 죽거든 예루살렘에 있는 내 아들에게 유서를 전해다오."

　　유서의 내용을 본 하인은 재산을 차지할 생각에 입꼬리를 실룩거렸어요.

　　얼마 지나지 않아 부자는 세상을 떠났어요. 하인은 기다렸다는 듯 서둘러 예루살렘으로 떠났어요.

　　며칠 뒤, 예루살렘에 도착한 하인은 부자의 아들에게 유서를 전달했어요. 아들은 갑작스러운 아버지의 죽음에 이어 유서의 내용을 보고 큰 충격을 받았어요.

　　'아버지는 나를 사랑하지 않으셨던 걸까…'

　　착잡한 마음의 아들은 아버지와 친했던 랍비를 찾아가 조언을 구했지요.

　　"선생님, 믿기지 않아요. 아버지께선 저를 끔찍이 아끼셨습니다."

　　랍비는 유서를 꼼꼼히 읽고는 슬며시 미소 지었어요.

　　"자네 아버지는 역시 지혜롭군."

　　랍비의 말에 아들은 발끈했어요.

　　"아버지께서 당연한 결정을 하셨단 건가요!"

"그게 아니라, 그는 훗날까지 생각한 거야. 하인이 죽음을 알리지 않고 재산을 가로채 도망가진 않을까 걱정한 거지. 그래서 하인에게 전 재산을 준다고 쓴 거고, 하인은 분명 기쁜 마음으로 자네에게 달려왔겠지."

"하지만… 재산은 하인의 것이 되는걸요?"

"이런, 답답하군! 하인의 재산은 주인의 것이네. 자네 아버지는 단 한 가지를 선택할 수 있다고 했지. 그게 무엇이겠는가?"

그제야 아들은 얼굴이 환해졌어요.

"아! 그렇군요! 선생님, 감사합니다!"

아들은 홀가분한 마음으로 아버지의 재산 중 '하인'을 선택했고, 하인의 재산은 아들의 것이 되었어요. 대신 아들은 하인에게 자유를 주고 재산도 넉넉히 나누어 주었답니다.

 이야기를 읽고 맞으면 O, 틀리면 X 하세요.

1 부자는 아들이 지혜롭게 자라기를 원해서 먼 곳에 있는 이름난 학교에 보냈어요. □

2 부자가 걸린 이름 모를 병은 멀리 떠난 아들이 보고 싶어서 생긴 마음의 병이었어요. □

3 하인은 하루빨리 재산을 차지할 생각에 서둘러 예루살렘으로 떠났어요. □

4 아들은 아버지의 뜻대로 할 수 없다며 하인에게 주어진 재산을 강제로 빼앗았어요. □

5 랍비는 유서 속에 숨겨진 뜻을 제대로 이해하고 아들에게 조언을 해주었어요. □

아들이 느낀 감정의 이유로 어울리는 것에 줄을 이으세요.

1 아버지가 전 재산을 하인에게 준다고 해서 •   • 발끈했어요

2 랍비가 재산을 하인에게 준다고 한
아버지를 지혜롭다고 해서 •   • 홀가분했어요

3 아버지의 진심을 알게 돼서 •   • 착잡했어요

 아버지는 아들에게 "내 아들은 재산 중 단 한 가지를 선택해 가질 수 있다"라고
말했어요. 아들은 재산으로 무엇을 선택했어요?

① 유서   ② 약   ③ 하인   ④ 랍비의 말

 랍비가 아버지의 유서를 보고 지혜롭다고 한 이유를 순서대로 나열해 보세요.

1 하인의 재산은 주인의 것이다
2 그래서 아버지는 하인에게 전 재산을 준다고 했다
3 아버지는 하인이 재산을 가로챌까 봐 걱정했다
4 그러므로 아들이 재산으로 하인을 선택하면 전 재산이 아들의 것이 된다.

(3   ) - (   ) - (   ) - (   )

📎 **추측한 어휘 확인하기**   어휘력 키우기

 다음 단어의 뜻과 비슷한 것에 체크하세요.

1 막대한   ☐ 많은   ☐ 적은

2 이름난   ☐ 가난한   ☐ 유명한

3 차도가 없었어요   ☐ 낫지 않았어요   ☐ 나았어요

4 착잡한   ☐ 가벼운   ☐ 복잡한

5 발끈했어요   ☐ 못 참고 화를 냈어요   ☐ 발로 쿵쿵 찼어요

어울리는 것을 찾아 줄로 이으세요.

1 차도가 •   • 착잡했어요

2 입꼬리가 •   • 떠났어요

3 세상을 •   • 없었어요

4 마음이 •   • 실룩거렸어요

5 끔찍이 •   • 아꼈어요

생각대로 표현하기   표현력 키우기

 다음 빈칸에 들어갈 말을 자유롭게 써 보세요.

1 친구
내가 숙제를 하려고 하는데 엄마가 빨리 하라고 잔소리를 해서
발끈했어요.

 나
_____ **발끈했어요.**

2 친구
밀린 방학 숙제를 다 끝내고 나니 기분이 **홀가분해요.**

 나
_____ **홀가분해요.**

 다음 단어의 의미를 소리 내어 읽어 보고 단어를 활용해 빈칸을 채워 보세요.

막대하다	매우 많거나 크다 이번 홍수로 인해 재산 피해가 ☐☐☐☐.
이름나다	세상에 이름이 널리 알려지다 그는 전세계적으로 ☐☐☐ 가수다.
차도	병이 조금씩 나아지는 정도 지아의 병은 ☐☐를 보이지 않고 점점 나빠졌다.
실룩거리다	근육의 한 부분이 자꾸 한쪽으로 움직이다 승호는 계속 입꼬리를 ☐☐☐☐면서 투덜거렸다.
세상을 떠나다	죽음을 부드럽게 표현하는 말 우리 강아지는 3년 전에 ☐☐☐ ☐☐☐.
착잡하다	마음이 복잡하고 어지럽다 할머니가 편찮으셔서 내 마음이 ☐☐☐☐.
끔찍이	매우 크고 대단하게 우리 할아버지는 나를 ☐☐☐ 예뻐해 주셨다.
발끈하다	참지 못하고 갑자기 화를 내다 내 그림을 보고 친구가 못 그렸다고 해서 ☐☐☐☐.
홀가분하다	신경 쓰이는 일이 없어지고 가볍고 편안하다 시험이 다 끝난 다음에 ☐☐☐☐ 마음으로 여행을 떠났다.
넉넉히	부족하지 않고 충분하게 친구와 나눠 먹으려고 간식을 ☐☐☐ 준비했다.

세 친구 | 첫 번째 이야기

생각하며 준비하기

사고력 키우기

 친한 친구들이 있어요? 어떤 친구들이에요?

친구의 이름	친구의 특징

 이 중에 가장 친한 친구는 누구예요?

_____

 가장 친하다고 생각하는 이유가 뭐예요? 자유롭게 써 보세요.

 보기

 윤호는 저의 가장 친한 친구예요!
어려운 수학 문제도 친절하게 알려주고,
같이 놀면 너무 재밌거든요.

빨간색으로 표시된 단어의 뜻을 생각하면서 다음 이야기를 읽어 보세요.

　　어느 마을에 누구보다 나랏일을 성실히 하는 관리가 있었어요. 그가 일을 귀찮아하거나 대충하는 걸 본 이가 아무도 없을 정도였지요. 이런 그에겐 세 명의 친구가 있었어요.

　　첫 번째 친구는 만날 때마다 무척 반가웠어요. 함께 하면 언제나 웃음이 끊이지 않아 가장 소중한 친구라 여겼지요. 두 번째 친구 역시 만나면 즐거웠어요. 하지만 첫 번째 친구만큼은 아니었어요. 그리고 세 번째 친구는 잘 만나지 않을뿐더러 별 관심이 가지 않았어요.

　　그런데 어느 날, 관리에게 난데없이 '내일 당장 궁궐로 들라'는 왕의 명령이 떨어졌어요. 관리는 잘못이라도 했나 싶어 지난날을 돌아봤어요. 하지만 아무리 생각해도 일을 게을리한 적도, 다른 이에게 돈이나 보석 같은 뇌물을 받은 적도 없는 거예요. 관리는 이유도 모른 채 혼자 궁궐에 가기가 망설여졌어요.

　　한참을 고민한 끝에 관리는 첫 번째 친구를 찾아갔어요. 활짝 웃으며 자신을 맞이하는 친구를 보니 왠지 모르게 안심이 됐어요. 그래서 용기를 내 부탁했지요.

　　"글쎄, 왕께서 궁궐에 들라 하시지 뭔가. 잘못한 건 없지만 혼자 가기 겁나서 말이야. 함께 가 주지 않겠나?"

　　그런데 첫 번째 친구의 표정이 싸늘하게 굳는 게 아니겠어요?

　　"자네도 모르게 잘못했을 수 있지. 나는 찝찝하니 같이 가지 않겠네."

　　친구는 단호하게 거절한 것도 모자라 관리를 내쫓기까지 했어요.

　　"　ⓐ　　　　　　　　　　　　　　　　　　　　　　　　　　　　"

　　철석같이 믿었던 친구였기에 관리는 크게 상심했어요.

　　그 후, 관리는 두 번째 친구에게 가서 같은 부탁을 했어요.

　　"　ⓑ　　　　　　　　　　　　　　　　　　　　　　　　　　　　　"

관리는 한숨을 내쉬었어요. 남은 건 세 번째 친구뿐이었어요. 평소 잘 만나지 않아 부탁하기가 꺼려졌지만, 관리는 지푸라기라도 잡는 심정으로 찾아갔어요.

"오랜만이군. 별일 없지?"

관리는 머뭇거리다 어렵게 말을 꺼냈어요.

"…실은 내일 궁궐에 들라는 명령을 받았네. 잘못한 건 없지만 혼자 가기가 좀…."

" ⓒ   "

관리는 예상치 못한 대답에 깜짝 놀랐어요.

"지금껏 자네가 게으름 피우거나 싫은 소리 한 걸 본 적이 없어. 상을 받으면 받았지, 벌을 받진 않을 걸세. 필요하다면 내가 자네의 성실함을 왕께 말씀드리지."

"…자네야말로 내 진정한 친구군. 정말 고맙네…."

관리는 세 번째 친구의 손을 꼭 붙잡았어요.

 이야기를 읽고 맞으면 O, 틀리면 X 하세요.

1 관리에게는 세 친구 모두 똑같이 값을 매길 수 없을 만큼 소중했어요.

2 왕은 잘못한 관리에게 벌을 주기 위해 궁궐로 들라는 명령을 내렸어요.

3 관리는 일하며 딱 한 번 뇌물을 받은 적이 있어 궁궐에 가기가 두려웠어요.

4 첫 번째 친구는 겁이 많아 궁궐 문 앞까지만 같이 가 주겠다고 했어요.

5 세 번째 친구는 관리와 자주 만나지는 않지만 평소 관리를 좋은 마음으로 보고 있었어요.

성실한 관리는 친구들에게 무엇을 부탁했어요?

_____

 관리의 부탁을 듣고 세 친구가 한 말로 맞는 것을 찾아 보세요.

㉠ "궁궐 문까지만 같이 가겠네. 나도 겁이 나서… 들어가는 건 혼자 하게나."

㉡ "보는 눈이 많으니 어서 돌아가게. 사람들의 의심을 사고 싶지 않으니."

㉢ "그렇군. 같이 가게나."

    첫 번째 친구 [　]

    두 번째 친구 [　]

    세 번째 친구 [　]

 어떤 친구가 진정한 친구일까요? <세 친구>를 읽고 진정한 친구에 대해서 바르게 말한 사람을 고르세요. (　　　　　　　)

 윤호   만날 때 반갑고 같이 놀 때 아주 즐겁고 신나는 사람이야.

 지아   자주 만나서 이야기도 많이 나누고 만나면 마음이 편한 사람이야.

 창민   친구를 믿고 어려운 일이 생겼을 때 친구의 부탁을 들어주는 사람이야.

추측한 어휘 확인하기   어휘력 키우기

 다음 단어의 뜻과 비슷한 것에 체크하세요.

1   성실히   □ 빈둥빈둥거리며   □ 바르고 열심히

2   여겼지요   □ 생각했지요   □ 궁리했어요

3   난데없이   □ 예의 없이   □ 갑자기

4   상심했어요   ☐ 마음이 아팠어요   ☐ 고생했어요

5   꺼려졌지만   ☐ 불편해서 마음에 걸렸지만   ☐ 기분 좋게 할 수 있었지만

어울리는 것을 찾아 줄로 이으세요.

1   싸늘하게   •   •   믿었어요

2   단호하게   •   •   표정이 굳었어요

3   철석같이   •   •   대답을 했어요

4   예상치 못한   •   •   거절했어요

5   부탁하기가   •   •   꺼려졌어요

생각대로 표현하기   표현력 키우기

다음 빈칸에 들어갈 말을 자유롭게 써 보세요.

1   내가 무슨 부탁을 할 때 엄마가 **단호하게** 안 된다고 하세요?

• 게임하고 나서 숙제하면 안 되냐고 할 때 **단호하게** 안 된다고 하세요.
• _____ **단호하게** 안 된다고 하세요.

2   **상심한** 적이 있었어요? 언제, 무슨 일로 그런 느낌을 받았어요?

• 바닷가에 가서 놀기로 했는데 태풍 때문에 못 가서 상심한 적이 있어요.
• _____ **상심한** 적이 있어요.

 다음 단어의 의미를 소리 내어 읽어 보고 단어를 활용해 빈칸을 채워 보세요.

성실히	태도나 행동이 바르고 진실되게 선생님은 ☐☐☐ 공부하는 학생을 좋아하신다.
여기다	마음속으로 어떻게 생각하다 나는 민석이를 가장 친한 친구로 ☐☐☐.
난데없이	갑작스럽게 구름 한 점 없는 하늘에 ☐☐☐☐ 번개와 천둥이 치기 시작했다.
뇌물	다른 사람에게 나를 잘 봐달라고 부탁하며 주는 부정한 돈 세 친구에 나오는 관리는 보석이나 돈 같은 ☐☐을 받은 적이 없다.
싸늘하다	사람의 성격이나 태도가 차갑다 나와 다툰 뒤로 친구는 나를 ☐☐☐ 대한다.
단호하다	결심이나 태도가 흔들림이 없이 분명하다 나는 도와 달라는 친구의 부탁을 ☐☐☐☐ 거절했다.
철석같이 믿다	매우 강하고 단단하게 믿다 ☐☐☐☐☐ ☐☐☐ 친구가 나에게 거짓말을 했다.
상심하다	슬픔이나 걱정으로 마음 아파하다 강아지가 하늘나라로 떠나자 나는 크게 ☐☐☐.
꺼리다	불편하거나 좋지 않은 데가 있어 마음에 걸리다 양심에 ☐☐☐ 행동은 안 하는 게 좋다.
예상하다	앞으로 있을 일이나 상황을 짐작하다 두 팀은 실력이 비슷해서 경기에서 누가 이길지 아무도 ☐☐ 수 없었다.

바람에 날린 깃털 | 첫 번째 이야기

 생각하며 준비하기 사고력 키우기

 다음 그림은 이야기의 한 장면이에요. 여인은 무엇을 잡으려 하는 걸까요? 그리고 왜 잡으려 하는 걸까요? 상상해 보고 자유롭게 써 보세요.

 말을 함부로 한 적이 있어요? 언제, 누구에게 무슨 말을 했어요?

 말을 함부로 해서 어떻게 됐어요?

 보기

친한 친구에게 바보 같다고
놀린 적이 있어요. 친구가 그 날 이후로
말을 걸어도 받아주지 않아요.

빨간색으로 표시된 단어의 뜻을 생각하면서 다음 이야기를 읽어 보세요.

　뭐든 크게 부풀려 말하는 허풍쟁이 여인이 있었어요. 어찌나 심하게 허풍을 떠는지 여인의 입에만 들어갔다 나오면 사과가 단번에 수박이 되고, 참새가 단번에 독수리가 됐지요. 게다가 여기저기 말을 옮기기까지 해서 사람들은 그녀만 보면 슬금슬금 자리를 피했어요. 그녀의 입에서 나온 헛소문들은 돌고 돌아 마을 전체에 퍼지기 일쑤였거든요.

　여인의 허풍에 시달리던 사람들은 참다못해 지혜로운 랍비를 찾아갔어요.

　"선생님! 그 여자 때문에 피해를 본 사람이 한둘이 아닙니다!"

　"세상에, 제가 의사들을 꾀어낸다고 소문냈지 뭐예요! 절 치료해준 의사가 고마워 딱 한 번 악수했을 뿐인데! 창피해서 고개를 들고 다닐 수가 없어요!"

　"어디 그뿐인가요? 저보곤…!"

　사람들은 앞다투어 자신들의 피해를 하소연했고, 랍비는 모두의 말을 귀담아듣고는 그날 밤 곰곰이 생각했어요.

　그리고 다음 날, 랍비는 여인을 불렀어요.

　"당신 때문에 피해 본 사람이 여럿입니다. 왜 그런 말을 하고 다니는 거죠?"

　여인은 태연한 표정으로 말했어요.

　"아예 없는 말을 지어낸 것도 아닌데요, 뭐. 재밌으라고 살짝씩 더한 것뿐인걸요."

　반성하는 태도가 보이지 않자 랍비는 한숨을 내쉬었어요. 그리고 자루를 들고 와 여인에게 건넸어요. 그 안엔 깃털이 가득 있었어요.

　"당신이 할 일이 있어요. 잘하면 내가 나서서 당신에 대한 오해를 풀게요."

　"좋아요. 뭘 하면 되죠?"

　"자루를 들고 집으로 가세요. 다만, 깃털들을 하나씩 떨어뜨리며 가야 합니다. 도착하면 그것들을 다시 주워 담으며 이곳으로 되돌아오면 되고요."

"하하, 쉬운데요? 다녀올게요."

여인은 자신만만하게 랍비의 집을 나섰어요. 가벼운 마음으로 깃털을 하나둘 떨어뜨리며 가던 여인은 어느새 집에 도착했지요.

이제 몸을 돌려 왔던 길을 되돌아가려 했어요. 그런데 이게 웬일이에요? 깃털들이 바람을 타고 여기저기 흩날리는 거예요. 심지어 사람들의 발에 차여 엉망이 되기도 했어요.

결국 그녀가 주운 건 고작해야 열댓 개가 전부였어요.

랍비는 힘없이 터덜터덜 걸어오는 여인을 보며 슬며시 웃었어요.

"선생님, 깃털이 흩날려 고작 이것밖에 못 주웠어요."

"네, '말'이란 건 그렇게 깃털처럼 가벼운 것이랍니다. 한번 입에서 나오면 다시 주워 담기가 무척 어렵죠."

랍비의 말에 여인은 그제야 자신의 잘못을 깨달았어요.

 이야기를 읽고 맞으면 O, 틀리면 X 하세요.

1　여인의 허풍 때문에 피해를 본 마을 사람들이 한두 명쯤 있었어요. ☐

2　여인은 "왜 그런 말을 하고 다니느냐?"라는 랍비의 물음에 부끄러워했어요. ☐

3　랍비는 깃털을 통해 여인이 스스로 자신의 잘못을 깨닫기를 바랐어요. ☐

4　여인은 끝까지 포기하지 않고 깃털을 주워 꽤 많은 수의 깃털을 모을 수 있었어요. ☐

5　랍비가 건네준 깃털은 곧 '말'의 가벼움을 의미하는 것이었어요. ☐

마을 사람들은 랍비를 찾아가서 무엇을 하소연했어요?

① 여인이 말을 너무 많이 하기 때문에 듣기가 힘들어서
② 여인이 마을 사람들에게 말장난을 너무 심하게 쳐서
③ 여인이 뭐든 크게 부풀려서 말하고 다니면서 말을 옮겨서
④ 여인이 사람들의 말을 듣고 자꾸 오해하고 풀지 않아서

 깃털이 의미하는 바를 고르고 랍비가 깃털을 주워오라고 한 이유를 써 보세요.

깃털	☐ 장난 ☐ 표정 ☐ 말
깃털을 주워오라고 한 이유	

📎 추측한 어휘 확인하기 어휘력 키우기

 다음 단어의 뜻과 비슷한 것에 체크하세요.

1 허풍을 떠는
　　☐ 사실보다 부풀려서 말하는　　　☐ 큰 소리로 말하는

2 시달리던
　　☐ 즐거워하던　　　☐ 괴로움을 당하던

3 앞다투어
　　☐ 서로 먼저 하려고　　　☐ 심하게 다투어

4 하소연했고
　　☐ 힘든 점을 간절히 말했고　　　☐ 소원을 간절히 말했고

5 태연한
　　☐ 겁이 나고 무섭다는　　　☐ 아무렇지도 않은 듯

116

어울리는 것을 찾아 줄로 이으세요.

1 허풍을 •   • 봤어요

2 말을 •   • 떨었어요

3 피해를 •   • 표정

4 태연한 •   • 옮겼어요

5 오해를 •   • 풀었어요

생각대로 표현하기

표현력 키우기

 다음 빈칸에 들어갈 말을 자유롭게 써 보세요.

1 친구
친구가 자기가 학교에서 제일 공부도 잘하고 축구도 잘한다고 **허풍을 떨었어요.**

 나
_____

_____ **허풍을 떨었어요.**

2 친구
요즘 숙제도 많고 학원에 다니기도 힘들어서 엄마에게 **하소연했어요.**

 나
_____

_____ **하소연했어요.**

 다음 단어의 의미를 소리 내어 읽어 보고 단어를 활용해 빈칸을 채워 보세요.

허풍을 떨다	실제보다 크게 부풀려 말하거나 행동하다 매일 ☐☐☐☐ 친구의 말을 믿을 수가 없다.
말을 옮기다	들은 말을 다른 사람에게 전달하다 내 친구는 다른 사람에게 자주 ☐☐☐ 비밀을 말할 수 없다.
헛소문	사람들 사이에 퍼진 근거 없는 말 그거 ☐☐☐ 이야. 믿지 마.
시달리다	괴로움을 당하다 방학에는 숙제에 ☐☐☐ 않아도 되어서 좋다.
피해를 보다	안 좋은 일을 당해서 손해 보다 이번 여름 홍수 때문에 우리 마을은 큰 ☐☐☐☐.
앞다투다	남보다 잘하려고 애쓰다. 아이들은 서로 좋은 자리를 맡으려고 ☐☐☐ 달려갔다.
하소연하다	억울한 사정을 다른 사람에게 간절히 말하다 학교에서 친구들 때문에 속상했던 일에 대해 엄마에게 ☐☐☐☐.
귀담아듣다	주의하여 잘 듣다 학교에 가면 선생님 말씀을 항상 ☐☐☐☐야 한다.
태연하다	당연히 두려워할 상황에서 아무렇지도 않은 표정을 짓거나 행동하다 동생은 엄마에게 거짓말을 하고도 ☐☐☐ 굴었다.
오해를 풀다	마음속에 잘못 알고 있던 것을 해결하다 두 사람은 ☐☐☐☐ 다시 친한 친구가 되었다.

장님과 등불 | 첫 번째 이야기

생각하며 준비하기

 '등불'을 본 적이 있어요? '등불'로 무엇을 할 수 있을까요?

 다음 단어 중 '남을 위한 행동'의 의미가 담긴 단어를 골라 써 보세요.

배려하다	오해하다
양보하다	포기하다
질투하다	도와주다

_____

_____

_____

 다음 행동들에 모두 해당하는 단어를 보기에서 골라 써 보세요.

- 버스에서 나이가 많아 보이시는 할아버지께 자리를 양보했어요.
- 친구가 수학 문제를 어려워해서 옆에서 친절하게 알려 주었어요.
- 눈이 많이 내려서 사람들이 미끄러질까 봐 길가의 눈을 나서서 치웠어요.

배려하다 오해하다 포기하다 질투하다 잘난 척하다

빨간색으로 표시된 단어의 뜻을 생각하면서 다음 이야기를 읽어 보세요.

달빛 한 줄기조차 비치지 않는 칠흑 같은 밤이었어요. 한 남자가 땀을 삐질삐질 흘리며 밤길을 걷고 있었어요. 남자는 하룻밤 묵을 곳을 찾기 위해 사방을 둘러봤지만, 그의 눈에 보이는 건 오로지 캄캄한 어둠뿐이었어요. 이미 오랜 길을 걸어왔는지 남자의 표정에는 지친 기색이 가득했어요.

'이미 내 체력은 바닥났어. 더 가다가는 쓰러질 것만 같아….'

그때였어요.

"앗!"

남자는 엎친 데 덮친 격으로 돌부리에 걸려 콰당 넘어지기까지 했어요. 그의 발목은 금세 붉게 부어올랐어요. 그는 욱신거리는 발목을 쥔 채 한참을 일어나지 못했어요. 일어나려다가도 다시 풀썩 주저앉아 버렸지요.

그런데 그때, 저 멀리 환한 빛이 보였어요. 빛은 점점 남자 쪽으로 다가왔어요.

"사, 사람이다! …저건 분명 등불이야!"

사람이 있다는 생각에 남자의 얼굴에 화색이 돌기 시작했어요. 남자는 땅에 손을 짚고 주저앉았던 몸을 가까스로 일으켰어요. 그리고 불빛이 있는 쪽으로 절뚝절뚝 걸어가기 시작했지요.

불빛과 마주한 남자는 등불의 주인이 나이 지긋한 노인이라는 것을 알게 됐어요. 그리고 잠시 뒤 깜짝 놀랐어요. 노인이 앞을 보지 못하는 장님이었기 때문이었죠. 노인은 눈을 감은 채 한 손에는 등불, 다른 한 손에는 긴 지팡이를 짚고 있었어요.

남자는 놀란 마음을 숨기고 일단 길을 물었어요.

"어르신, 혹시 주위에 하룻밤 묵을 곳이 있는지요?"

남자의 물음에 노인은 지팡이로 자신의 뒤쪽을 가리키며 대답했어요.

"여기서 조금만 더 내려가면 마을이 나오는데, 입구에 여관이 있네."

"아! 정말 감사합니다!"

남자는 기쁜 마음에 노인에게 꾸벅 인사하고 가던 길을 가려 했어요. 그런데 아무래도 무언가가 계속 신경이 쓰여 발걸음을 멈추고 노인에게 말했어요.

"저, 어르신. 실례가 안 된다면 뭐 좀 여쭤보아도 될까요?"

"그러게. 무엇이?"

㉠ "어르신께서는 어째서 등불을 들고 다니시는 거죠?"

남자의 물음에 노인은 인자한 미소를 지으며 대답했어요.

"내겐 등불이 필요 없지만, 내가 등불을 들고 다니면 다른 이들은 내가 걷고 있다는 걸 알 것이 아닌가. 그럼 그들은 나와 부딪치지 않기 위해 피해갈 수 있을 테지."

노인은 등불을 든 채 다시 한 발 두 발 앞으로 조심스레 나아갔어요.

 이야기를 읽고 맞으면 O, 틀리면 X 하세요.

1 아주 캄캄한 밤에 한 남자가 땀을 삐질삐질 흘리며 홀로 밤길을 걷고 있었어요.

2 남자는 환한 등불을 본 뒤 힘든 상황에서 벗어날 수 있겠다는 희망이 생겼어요.

3 남자는 등불을 들고 있는 사람이 앞을 못 보는 노인이라 조금 실망했어요.

4 등불을 들고 다니는 노인은 남자를 마을의 여관까지 직접 데려다주었어요.

5 노인은 자신이 앞을 못 보는 사람인 것을 숨기기 위해 등불을 들고 다녔어요.

남자는 왜 등불을 보고 반가워하며 불빛이 있는 쪽으로 갔어요?

_____

 남자는 노인에게 ㉠과 같이 물어봤습니다. 그렇게 물어본 이유가 뭐예요?

 "어르신께서는 어째서 등불을 들고 다니시는 거죠?"

① 사람들을 위해서 어두운 밤을 밝히는 것이 고마워서
② 늦은 밤에 혼자 등불을 들고 다니는 것이 위험해 보여서
③ 앞을 못 보는 장님이 등불을 들고 다니는 것이 의아해서
④ 지팡이와 등불을 둘 다 들고 다니는 것이 힘들어 보여서

 이 이야기의 주제에 대해서 바르게 말한 사람은 누구일까요? (   )

윤호

깜깜한 밤에 혼자 돌아다니면 다칠 수도 있으니 아주 위험한 행동이야.

지아

내가 어려움에 처했을 때는 다른 사람에게 빨리 도움을 요청해야 해.

창민

노인이 등불을 들고 다닌 것처럼 다른 사람을 위하고 배려해야겠어.

 📎 **추측한 어휘 확인하기**   어휘력 키우기

 다음 단어의 뜻과 비슷한 것에 체크하세요.

1   바닥났어   ☐ 다 써서 없어   ☐ 바닥이 나왔어

2   엎친 데 덮친 격   ☐ 갑자기 들이닥친 상황   ☐ 나쁜 일이 겹쳐서 일어난 상황

3   욱신거리는   ☐ 바늘로 찌르는 듯 아픈   ☐ 빨갛게 부은

4 화색이 돌기 시작했어요 ☐ 마음이 아팠어요 ☐ 얼굴에 밝은 빛이 나왔어요

5 인자한 ☐ 부드러운 ☐ 차가운

 어울리는 것을 찾아 줄로 이으세요.

1	칠흑같이	•		•	덮친 격
2	체력이	•		•	돌았어요
3	엎친 데	•		•	어두웠어요
4	화색이	•		•	바닥났어요
5	손가락으로	•		•	가리켰어요

생각대로 표현하기 표현력 키우기

 다른 사람을 배려한 행동을 한 적이 있어요?
그때의 경험을 떠올려 보고 아래에 메모해 보세요.

언제 :

어디에서 :

누구한테 :

왜 :

 위에서 메모한 내용을 정리해서 써 보세요.

_____

_____

 다음 단어의 의미를 소리 내어 읽어 보고 단어를 활용해 빈칸을 채워 보세요.

칠흑	반짝반짝 광택이 나는 검은색 정전이 되는 바람에 동네 전체가 ☐☐ 같이 어두웠다.
묵다	어디에서 손님으로 머물다 외국에서 사는 이모가 한국에 왔을 때 우리 집에서 ☐☐☐.
기색	마음속의 생각이 얼굴이나 행동에 나타나는 것 약속에 한 시간이나 늦었는데도 친구는 미안한 ☐☐을 안 보였다.
바닥나다	다 써서 없어지다 사고 싶은 걸 다 샀더니 이번 달 용돈이 벌써 ☐☐☐☐.
엎친 데 덮친 격	어렵거나 나쁜 일이 겹쳐서 일어나다 길을 잃어버렸는데 ☐☐☐☐☐으로 지갑까지 도둑맞았다.
욱신거리다	몸의 일부분이 바늘로 찌르는 것처럼 아프다 몸살에 걸려서 온몸이 ☐☐☐☐☐.
화색이 돌다	부드럽고 환한 빛이 얼굴에 나오다 시험이 없어졌다는 이야기를 듣고 동생의 얼굴에 ☐☐☐☐☐.
가까스로	아주 어렵게 힘을 들여 무섭게 생긴 개가 나를 쫓아와서 ☐☐☐☐ 도망쳤다.
가리키다	손가락을 어떤 방향으로 향하게 하여 다른 사람에게 그것을 알게 하다 나는 엄마에게 사고 싶은 장난감을 손가락으로 슬쩍 ☐☐☐.
인자하다	마음이 넓고 따뜻하다 우리 할아버지는 우리에게 한 번도 화를 낸 적이 없는 ☐☐☐ 분이다.

4주차 5일 〈지혜로운 아버지의 유서〉 & 〈세 친구〉 〈바람에 날린 깃털〉 & 〈장님과 등불〉 복습하기

어휘 확인하기

 다음 단어를 보고 아는 것에 ✔ 표시하세요.

지혜로운 아버지의 유서	세 친구	바람에 날린 깃털	장님과 등불
☐ 막대하다	☐ 성실히	☐ 허풍을 떨다	☐ 칠흑
☐ 이름나다	☐ 여기다	☐ 말을 옮기다	☐ 묵다
☐ 차도	☐ 난데없이	☐ 헛소문	☐ 기색
☐ 실룩거리다	☐ 뇌물	☐ 시달리다	☐ 바닥나다
☐ 세상을 떠나다	☐ 싸늘하다	☐ 피해를 보다	☐ 엎친 데 덮친 격
☐ 착잡하다	☐ 단호하다	☐ 앞다투다	☐ 욱신거리다
☐ 끔찍이	☐ 철석같이 믿다	☐ 하소연하다	☐ 화색이 돌다
☐ 발끈하다	☐ 상심하다	☐ 귀담아듣다	☐ 가까스로
☐ 홀가분하다	☐ 꺼리다	☐ 태연하다	☐ 가리키다
☐ 넉넉히	☐ 예상하다	☐ 오해를 풀다	☐ 인자하다

어휘 연습하기

지혜로운 아버지의 유서

 다음 빈칸에 들어갈 말을 골라 알맞게 고쳐 쓰세요.

이름나다	착잡하다	발끈하다	홀가분하다

1 우리집 강아지가 병에 걸려서 마음이 ☐☐☐☐ .

2 내 동생은 성격이 급해서 작은 일에도 쉽게 ☐☐☐☐ .

3 해야 할 숙제를 다 끝내고 나니 기분이 ☐☐☐☐☐ .

4 이곳은 한국에서 아름답기로 ☐☐☐ 곳이라서 여행 온 사람이 많다.

세 친구

 다음 빈칸에 들어갈 말을 골라 알맞게 고쳐 쓰세요.

난데없이	싸늘하다	단호하다	꺼리다

1 나에게 화가 난 친구는 말도 안 하고 며칠째 나를 ☐☐☐☐ 대했다.

2 비둘기 한 마리가 ☐☐☐☐ 교실에 들어와 학생들이 모두 깜짝 놀랐다.

3 게임할 시간을 더 달라고 했지만 엄마는 ☐☐☐☐ 안 된다고 하셨다.

4 내 친구는 많은 사람들 앞에 나서서 말하는 것을 ☐☐☐ .

바람에 날린 깃털

 다음 빈칸에 들어갈 말을 골라 알맞게 고쳐 쓰세요.

앞다투다	하소연하다	태연하다	허풍을 떨다

1 친구는 자기가 세상에서 제일 똑똑한 사람이라고 ☐☐☐ ☐☐☐ .

2 선물을 준다는 소리에 사람들이 ☐☐☐☐ 달려 나갔다.

3 아무리 공부해도 시험 점수가 오르지 않아서 선생님께 ☐☐☐☐☐ .

4 범인은 다른 사람의 물건을 훔치고 나서도 ☐☐☐☐ 행동했다.

장님과 등불

 다음 빈칸에 들어갈 말을 골라 알맞게 고쳐 쓰세요.

바닥나다	엎친 데 덮친 격	기색	욱신거리다

1 방문을 열고 들어가자 동생이 공책을 가리며 당황한 ☐☐ 을 보였다.

2 조금 전에 넘어져서 다친 무릎이 ☐☐☐☐☐ .

3 쿠키를 더 굽고 싶었지만 재료가 ☐☐☐☐ 더 만들 수 없었다.

4 너무 피곤했는데 ☐☐ ☐ ☐☐ ☐ 으로 넘어져서 발목까지 다쳤다.

맥락 파악하기

이야기를 순서에 맞게 나열해 보세요.

지혜로운 아버지의 유서

1 아들은 고민 끝에 랍비를 찾아가 조언을 구했고 유서에 쓰인 아버지의 숨겨진 뜻을 깨닫게 됐어요.

2 어느 날 부자는 죽을 병에 걸리자 아들에게 줄 유서를 썼어요.

3 이를 본 하인은 기뻐하며 유서를 아들에게 전했고 아들은 유서를 보고 큰 충격을 받았어요.

4 마을에 큰 부자가 살고 있었는데 그의 아들은 먼 예루살렘에서 학교를 다니고 있었어요.

5 그가 쓴 유서의 내용은 '전 재산을 하인에게 주고, 내 아들은 재산 중 하나만을 선택할 수 있다'는 것이었어요.

6 아들은 아버지의 재산 중 하인을 선택했고 하인의 재산은 모두 아들의 것이 되었어요.

(4) - ( ) - ( ) - ( ) - ( ) - ( )

이야기를 순서에 맞게 나열해 보세요.

세 친구

1 첫 번째 친구는 궁궐에 같이 가자는 관리의 부탁을 단호히 거절했고 두 번째 친구도 마찬가지였어요.

2 왕의 명령을 받은 관리는 궁궐에 혼자 가기가 무서워서 첫 번째 친구를 찾아갔어요.

3 관리는 세 친구 중 첫 번째 친구를 가장 소중한 친구로 여겼고 세 번째 친구에게는 관심이 없었어요.

4 그러던 어느 날 관리에게 궁궐로 오라는 왕의 명령이 떨어졌어요.

5 어느 마을에 나랏일을 하는 관리가 살았는데 그에게는 세 명의 친구가 있었어요.

6 세 번째 친구는 관리를 위로해 주면서 궁궐에 함께 가주겠다고 했어요.

(5) - ( ) - ( ) - ( ) - ( ) - ( )

맥락 파악하기

 이야기를 순서에 맞게 나열해 보세요.

바람에 날린 깃털

1 어느 마을에 뭐든 크게 부풀려 말하는 허풍쟁이 여인이 살고 있었어요.

2 랍비는 여인을 불러 왜 허풍을 떠냐고 물어봤지만 여인은 전혀 부끄러워하지 않았어요.

3 랍비는 "말은 깃털처럼 가볍습니다. 한 번 내뱉은 말은 다시 주워 담기가 무척 힘들답니다."라고 했어요.

4 반성하지 않는 여인에게 랍비는 깃털을 떨어뜨리며 집에 갔다가 그 깃털을 다시 주우며 되돌아오라고 했어요.

5 그 여인의 허풍에 시달리던 마을 사람들이 랍비를 찾아가 하소연했어요.

6 여인은 깃털을 고작 열댓 개만 주울 수 있었어요.

(**1**) - ( ) - ( ) - ( ) - ( ) - ( )

 이야기를 순서에 맞게 나열해 보세요.

장님과 등불

1 주저앉아 있던 남자는 저 멀리 등불을 발견하고 힘을 내서 걸어가기 시작했어요.

2 노인의 대답을 들은 남자는 노인에게 왜 등불을 들고 다니냐고 물어봤어요.

3 불빛에 다가간 남자는 등불의 주인이 앞을 보지 못하는 노인이라는 것을 알게 됐어요.

4 한 남자가 캄캄한 밤에 하룻밤 묵을 곳을 찾으며 길을 걷다가 넘어져 발목을 다쳤어요.

5 노인은 사람들이 자신과 부딪치지 않고 걸어갈 수 있게 하려고 등불을 들고 다닌다고 했어요.

6 남자는 노인에게 하룻밤 묵을 곳을 물어보았고 노인은 대답해 주었어요.

(**4**) - ( ) - ( ) - ( ) - ( ) - ( )

정답과 해설

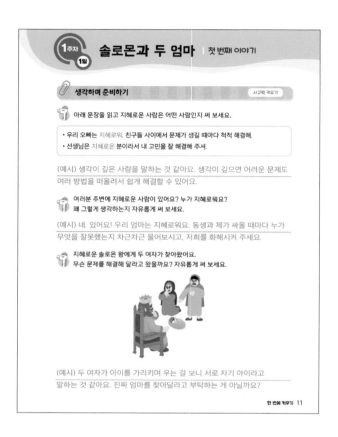

생각하며 준비하기 | 사고력 키우기

아래 문장을 읽고 지혜로운 사람은 어떤 사람인지 써 보세요.

- 우리 오빠는 지혜로워. 친구들 사이에서 문제가 생길 때마다 척척 해결해.
- 선생님은 지혜로운 분이라서 내 고민을 잘 해결해 주셔.

(예시) 생각이 깊은 사람을 말하는 것 같아요. 생각이 깊으면 어려운 문제도 여러 방법을 떠올려서 쉽게 해결할 수 있어요.

여러분 주변에 지혜로운 사람이 있어요? 누가 지혜로워요? 왜 그렇게 생각하는지 자유롭게 써 보세요.

(예시) 네, 있어요! 우리 엄마는 지혜로워요. 동생과 제가 싸울 때마다 누가 무엇을 잘못했는지 차근차근 물어보시고, 저희를 화해시켜 주세요.

지혜로운 솔로몬 왕에게 두 여자가 찾아왔어요. 무슨 문제를 해결해 달라고 왔을까요? 자유롭게 써 보세요.

(예시) 두 여자가 아이를 가리키며 우는 걸 보니 서로 자기 아이라고 말하는 것 같아요. 진짜 엄마를 찾아달라고 부탁하는 게 아닐까요?

한 번에 키우기 11

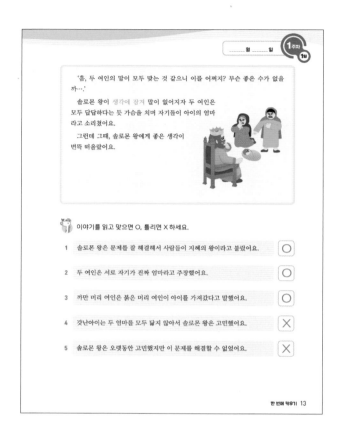

월 일 1주차 1일

'흠, 두 여인의 말이 모두 맞는 것 같으니 이를 어쩌지? 무슨 좋은 수가 없을까…'

솔로몬 왕이 생각에 잠겨 말이 없어지자 두 여인은 모두 답답하다는 듯 가슴을 치며 자기들이 아이의 엄마라고 소리쳤어요.

그런데 그때, 솔로몬 왕에게 좋은 생각이 번뜩 떠올랐어요.

이야기를 읽고 맞으면 O, 틀리면 X 하세요.

1 솔로몬 왕은 문제를 잘 해결해서 사람들이 지혜의 왕이라고 불렀어요. O
2 두 여인은 서로 자기가 진짜 엄마라고 주장했어요. O
3 까만 머리 여인은 붉은 머리 여인이 아이를 가져갔다고 말했어요. O
4 갓난아이는 두 엄마를 모두 닮지 않아서 솔로몬 왕은 고민했어요. X
5 솔로몬 왕은 오랫동안 고민했지만 이 문제를 해결할 수 없었어요. X

한 번에 키우기 13

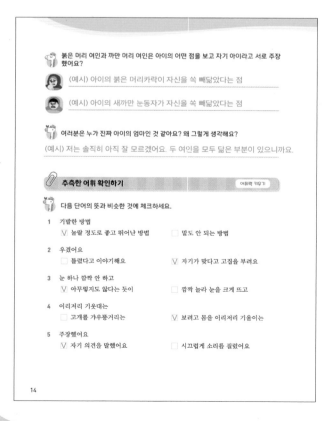

붉은 머리 여인과 까만 머리 여인은 아이의 어떤 점을 보고 자기 아이라고 서로 주장했어요?

(예시) 아이의 붉은 머리카락이 자신을 쏙 빼닮았다는 점

(예시) 아이의 새까만 눈동자가 자신을 쏙 빼닮았다는 점

여러분은 누가 진짜 아이의 엄마인 것 같아요? 왜 그렇게 생각해요?

(예시) 저는 솔직히 아직 잘 모르겠어요. 두 여인을 모두 닮은 부분이 있으니까요.

추측한 어휘 확인하기 | 어휘력 키우기

다음 단어의 뜻과 비슷한 것에 체크하세요.

1 기발한 방법
   V 놀랄 정도로 좋고 뛰어난 방법   □ 말도 안 되는 방법
2 우겼어요
   □ 틀렸다고 이야기해요   V 자기가 맞다고 고집을 부려요
3 눈 하나 깜빡 안 하고
   V 아무렇지도 않다는 듯이   □ 깜짝 놀라 눈을 크게 뜨고
4 이리저리 기웃대는
   □ 고개를 갸우뚱거리는   V 보려고 몸을 이리저리 기울이는
5 주장했어요
   V 자기 의견을 말했어요   □ 시끄럽게 소리를 질렀어요

14

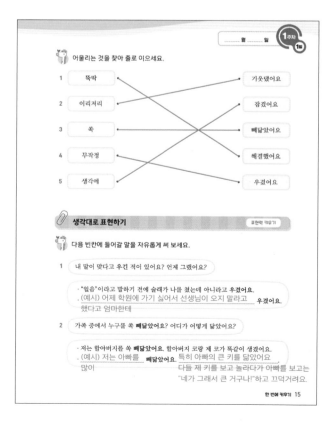

월 일 1주차 1일

어울리는 것을 찾아 줄로 이으세요.

1 뚝딱 — 해결했어요
2 이리저리 — 기웃댔어요
3 쏙 — 빼닮았어요
4 무작정 — 우겼어요
5 생각에 — 잠겼어요

생각대로 표현하기 | 표현력 키우기

다음 빈칸에 들어갈 말을 자유롭게 써 보세요.

1 내 말이 맞다고 우긴 적이 있어요? 언제 그랬어요?

"얼음"이라고 말하기 전에 술래가 나를 쳤는데 아니라고 우겼어요.
(예시) 어제 학원에 가기 싫어서 선생님이 오지 말라고 했다고 엄마한테 우겼어요.

2 가족 중에서 누구를 쏙 빼닮았어요? 어디가 어떻게 닮았어요?

저는 할아버지를 쏙 빼닮았어요. 할아버지 코랑 제 코가 똑같이 생겼어요.
(예시) 저는 아빠를 많이 빼닮았어요. 특히 아빠의 큰 키를 닮았어요. 다들 제 키를 보고 놀라다가 아빠를 보고는 "네가 그래서 큰 거구나!"하고 끄덕거려요.

한 번에 키우기 15

다음 단어의 의미를 소리 내어 읽어 보고 단어를 활용해 빈칸을 채워 보세요.

기발하다	놀랄 정도로 뛰어나다 재민이가 낸 기발한 아이디어에 모두가 박수를 쳤다.
뚝딱	일을 쉽게 해내는 모양 내가 어떤 음식을 해달라고 해도 엄마는 뚝딱 만들어 주신다.
무작정	앞으로의 일에 대해 미리 생각하거나 정한 것이 없이 우리 가족은 아무 계획 없이 무작정 여행을 떠났다.
우기다	억지를 부리면서 자기 의견을 내세우다 내 친구는 다른 사람 말은 듣지 않고 자기 말만 맞다고 우긴다.
눈 하나 깜짝 안 하다	아무렇지도 않은 듯이 태연하게 행동하다 내 동생이 눈 하나 깜짝 안 하고 거짓말을 했다.
기울대다	무엇을 보거나 찾으려고 고개나 몸을 이쪽저쪽으로 기울이다 민수가 내가 쓴 대답을 보려고 고개를 기웃댔다.
빼닮다	외모를 그대로 닮다 나는 할아버지와 얼굴도, 성격도 쏙 빼닮았다.
주장하다	자신의 의견을 내세우다 두 사람이 각자의 의견을 강하게 주장했다.
고민에 빠지다	고민을 해야 하는 상황에 놓이다 친구 생일 선물로 무엇을 사야 할지 고민에 빠졌다.
생각에 잠기다	어떤 생각에 빠지다 나는 생각에 잠겨서 잠시 아무 말도 하지 않았다.

16

생각하며 준비하기 　　　　사고력 키우기

지난 이야기에서 읽은 내용을 아래 말을 사용해서 써 보세요.

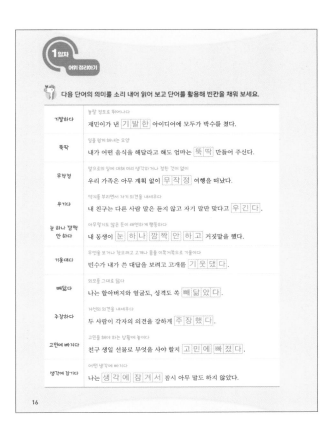

갓난아이	데려와	주장하자	솔로몬 왕	두 여인
	자기 아이	서로	고민에 빠졌어요	

두 여인이 갓난아이를 데려와 서로 자기 아이라고 주장하자 솔로몬 왕은 고민에 빠졌어요.

지난 이야기에서 솔로몬 왕은 좋은 생각이 떠올랐습니다.
어떤 해결책을 내놓았을까요? 자유롭게 써 보세요.

(예시) 아이를 평소에 어떤 식으로 돌보는지 보여달라고 할 것 같아요.
진짜 엄마라면 아이를 더 자연스럽게 돌보지 않을까요?

달아나려는 게 아니겠어요? 솔로몬 왕은 병사를 시켜 여인을 도망가지 못하게 하고는 크게 꾸짖었어요.
"감히 갓난아이를 가지고 거짓말을 하다니, 저 파렴치한 여자를 당장 감옥에 끌고 가거라!"
붉은 머리의 여인은 얼굴이 사색이 되어 한마디도 못 한 채 끌려갔어요. 아이는 다행히 진짜 엄마의 품으로 돌아갈 수 있었지요.

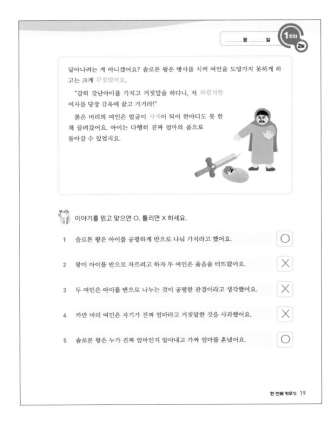

이야기를 읽고 맞으면 O, 틀리면 X 하세요.

1　솔로몬 왕은 아이를 공평하게 반으로 나눠 가지라고 했어요.　O

2　왕이 아이를 반으로 자르려고 하자 두 여인은 울음을 터뜨렸어요.　X

3　두 여인은 아이를 반으로 나누는 것이 공평한 판결이라고 생각했어요.　X

4　까만 머리 여인은 자기가 진짜 엄마라고 거짓말한 것을 사과했어요.　X

5　솔로몬 왕은 누가 진짜 엄마인지 알아내고 가짜 엄마를 혼냈어요.　O

솔로몬 왕이 내린 판결은 무엇이었어요?
(예시) 아이를 반으로 나누어 두 사람이 공평하게 가지라는 것이었어요.

아기의 진짜 엄마는 누구였어요?　① 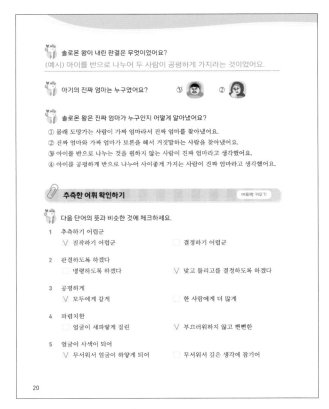　②

솔로몬 왕은 진짜 엄마가 누구인지 어떻게 알아냈어요?
① 몰래 도망가는 사람이 가짜 엄마라서 진짜 엄마를 찾아냈어요.
② 진짜 엄마와 가짜 엄마가 토론을 해서 거짓말하는 사람을 찾아냈어요.
③ 아이를 반으로 나누는 것을 원하지 않는 사람이 진짜 엄마라고 생각했어요.
④ 아이를 공평하게 반으로 나누어 사이좋게 가지는 사람이 진짜 엄마라고 생각했어요.

추측한 어휘 확인하기 　　　　어휘력 키우기

다음 단어의 뜻과 비슷한 것에 체크하세요.

1　추측하기 어렵군
　V 짐작하기 어렵군　　　□ 결정하기 어렵군

2　판결하도록 하겠다
　□ 명령하도록 하겠다　　　V 맞고 틀리고를 결정하도록 하겠다

3　공평하게
　V 모두에게 같게　　　□ 한 사람에게 더 많게

4　파렴치한
　□ 얼굴이 새파랗게 질린　　　V 부끄러워하지 않고 뻔뻔한

5　얼굴이 사색이 되어
　V 무서워서 얼굴이 하얗게 되어　　　□ 무서워서 깊은 생각에 잠기어

20

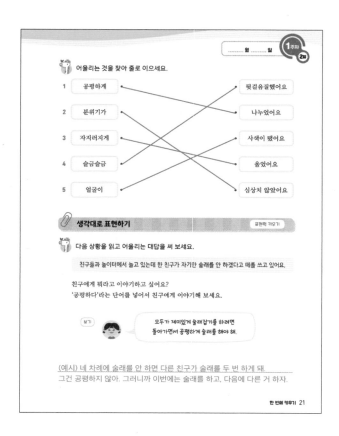

🪣 어울리는 것을 찾아 줄로 이으세요.

1 공평하게 • • 뒷걸음질했어요
2 분위기가 • • 나누었어요
3 자지러지게 • • 사색이 됐어요
4 슬금슬금 • • 울었어요
5 얼굴이 • • 심상치 않았어요

생각대로 표현하기
표현력 키우기

🪣 다음 상황을 읽고 어울리는 대답을 써 보세요.

친구들과 놀이터에서 놀고 있는데 한 친구가 자기만 술래를 안 하겠다고 떼를 쓰고 있어요.

친구에게 뭐라고 이야기하고 싶어요?
'공평하다'라는 단어를 넣어서 친구에게 이야기해 보세요.

보기
모두가 재미있게 술래잡기를 하려면
돌아가면서 공평하게 술래를 해야 해.

(예시) 네 차례에 술래를 안 하면 다른 친구가 술래를 두 번 하게 돼.
그건 공평하지 않아. 그러니까 이번에는 술래를 하고, 다음에 다른 거 하자.

한 번에 키우기 21

🪣 다음 단어의 의미를 소리 내어 읽어 보고 단어를 활용해 빈칸을 채워 보세요.

추측하다	미루어 짐작해서 아마 그럴 것이라고 생각하다 동화책의 다음에 무슨 이야기가 펼쳐질지 추측 했다.
판결하다	맞고 틀리거나 좋고 나쁜 것을 판단해서 결정하다 선생님은 학생들의 이야기를 듣고 잘잘못을 판결 했다.
공평하다	모든 사람에게 고르게 하다 아빠는 동생과 나에게 공평하게 과자를 나눠 주셨다.
심상치 않다	흔히 있을 만하지 않고 이상하거나 특별하다 소나기가 쏟아지려는지 먹구름이 잔뜩 끼고 바람이 심상치 않다.
자지러지다	정도가 매우 심하다 천둥소리를 들은 아기가 자지러지게 울었다.
슬금슬금	남의 눈치를 살피며 슬며시 행동하는 모양 엄마가 화가 난 것 같아서 슬금슬금 내 방으로 들어갔다.
뒷걸음질하다	뒤로 물러서다 우리 강아지는 겁이 많아서 큰 개를 보면 슬금슬금 뒷걸음질한다.
꾸짖다	윗사람이 아랫사람의 잘못을 심하게 혼내다 수업 시간에 떠드는 학생을 선생님이 꾸짖었다.
파렴치하다	부끄러운 것을 모르고 뻔뻔하다 잘못을 저질러 놓고도 사과하지 않는 친구의 파렴치한 행동이 싫다.
사색	걱정 때문에 창백해진 얼굴빛 동생이 다쳤다는 이야기를 듣고 엄마의 얼굴이 사색이 되었다.

22

1주차 3일 사이좋은 형제 | 첫 번째 이야기

생각하며 준비하기
사고력 키우기

🪣 형제나 자매가 있나요? '사이좋은 형제·자매'가 되기 위해서는 어떤 행동을 해야 할까요? 자유롭게 써 보세요.

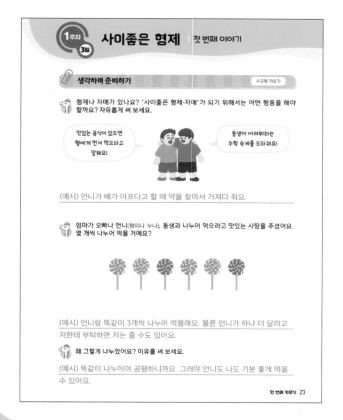

맛있는 음식이 있으면
형에게 먼저 먹으라고
말해요!

동생이 어려워하는
수학 숙제를 도와줘요!

(예시) 언니가 배가 아프다고 할 때 약을 찾아서 가져다 줘요.

🪣 엄마가 오빠나 언니(형이나 누나), 동생과 나누어 먹으라고 맛있는 사탕을 주셨어요. 몇 개씩 나누어 먹을 거예요?

(예시) 언니랑 똑같이 3개씩 나누어 먹을래요. 물론 언니가 하나 더 달라고 저한테 부탁하면 저는 줄 수도 있어요.

🪣 왜 그렇게 나누었어요? 이유를 써 보세요.

(예시) 똑같이 나누어야 공평하니까요. 그래야 언니도 나도 기분 좋게 먹을 수 있어요.

한 번에 키우기 23

돈이 많이 들 텐데….'
동생도 벌떡 일어나 창고로 갔어요. 커다란 자루에 밀을 가득 담아 형의 창고에 옮겼지요. 서너 번을 왔다 갔다 하고 나서야 겨우 돌아왔어요.
'휴, 이제 두 다리 뻗고 잘 수 있겠어.'
동생은 그제야 기분 좋게 잠들었어요.

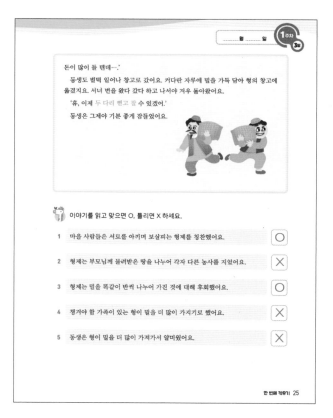

🪣 이야기를 읽고 맞으면 O, 틀리면 X 하세요.

1 마을 사람들은 서로를 아끼며 보살피는 형제를 칭찬했어요. Ｏ

2 형제는 부모님께 물려받은 땅을 나누어 각자 다른 농사를 지었어요. Ｘ

3 형제는 밀을 똑같이 반씩 나누어 가진 것에 대해 후회했어요. Ｏ

4 챙겨야 할 가족이 있는 형이 밀을 더 많이 가지기로 했어요. Ｘ

5 동생은 형이 밀을 더 많이 가져가서 얄미웠어요. Ｘ

한 번에 키우기 25

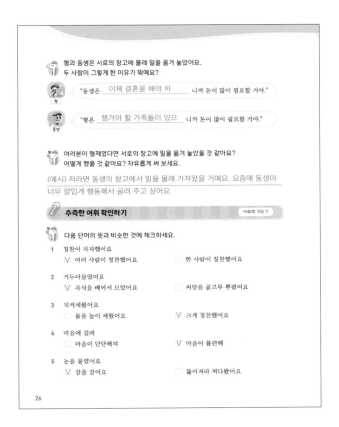

형과 동생은 서로의 창고에 몰래 밀을 옮겨 놓았어요.
두 사람이 그렇게 한 이유가 뭐예요?

형: "동생은 ___이제 결혼을 해야 하___ 니까 돈이 많이 필요할 거야."

동생: "형은 ___챙겨야 할 가족들이 있으___ 니까 돈이 많이 필요할 거야."

여러분이 형제였다면 서로의 창고에 밀을 옮겨 놓았을 것 같아요?
어떻게 했을 것 같아요? 자유롭게 써 보세요.

(예시) 저라면 동생의 창고에서 밀을 몰래 가져왔을 거예요. 요즘에 동생이
너무 얄밉게 행동해서 골려 주고 싶어요.

추측한 어휘 확인하기　[어휘력 키우기]

다음 단어의 뜻과 비슷한 것에 체크하세요.

1 칭찬이 자자했어요
  ☑ 여러 사람이 칭찬했어요　　☐ 한 사람이 칭찬했어요
2 거두어들였어요
  ☑ 곡식을 베어서 모았어요　　☐ 씨앗을 골고루 뿌렸어요
3 치켜세웠어요
  ☐ 몸을 높이 세웠어요　　☑ 크게 칭찬했어요
4 마음에 걸려
  ☐ 마음이 단단해져　　☑ 마음이 불편해
5 눈을 붙였어요
  ☑ 잠을 잤어요　　☐ 뚫어져라 쳐다봤어요

26

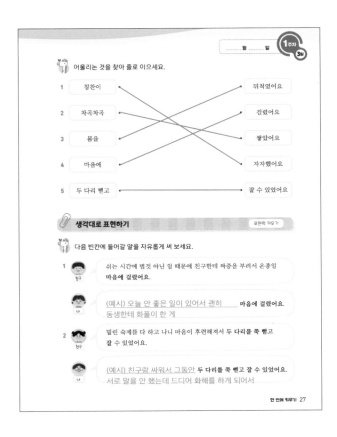

어울리는 것을 찾아 줄로 이으세요.

1 칭찬이	자자했어요
2 차곡차곡	쌓았어요
3 몸을	뒤척였어요
4 마음에	걸렸어요
5 두 다리 뻗고	잘 수 있었어요

생각대로 표현하기　[표현력 키우기]

다음 빈칸에 들어갈 말을 자유롭게 써 보세요.

1 친구: 쉬는 시간에 별것 아닌 일 때문에 친구한테 짜증을 부려서 온종일
마음에 걸렸어요.

(예시) 오늘 안 좋은 일이 있어서 괜히 ___ 마음에 걸려요.
동생한테 화풀이 한 게

2 친구: 밀린 숙제를 다 하고 나니 마음이 후련해져서 두 다리 죽 뻗고
잘 수 있었어요.

나: (예시) 친구랑 싸워서 그동안 두 다리 죽 뻗고 잘 수 있었어요.
서로 말을 안 했는데 드디어 화해를 하게 되어서

한 번에 키우기 27

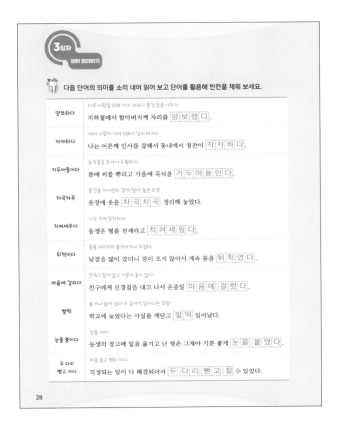

다음 단어의 의미를 소리 내어 읽어 보고 단어를 활용해 빈칸을 채워 보세요.

양보하다	다른 사람을 위해 자기가 할 물건 등을 내주다	지하철에서 할아버지께 자리를 [양보했]다.
자자하다	여러 사람의 입에서 널리 퍼지다	나는 어른께 인사를 잘해서 동네에서 칭찬이 [자자하다].
거두어들이다	농작물을 모아서 수확하다	봄에 씨를 뿌리고 가을에 곡식을 [거두어들인]다.
차곡차곡	물건을 가지런히 겹쳐 쌓아 놓은 모양	옷장에 옷을 [차곡차곡] 정리해 놓았다.
치켜세우다	아주 크게 칭찬하다	동생은 형을 천재라고 [치켜세웠]다.
뒤척이다	몸을 이리저리 움직이거나 뒤집다	낮잠을 많이 잤더니 잠이 오지 않아서 계속 몸을 [뒤척였]다.
마음에 걸리다	만족스럽지 않고 기분이 좋지 않다	친구에게 신경질을 내고 나서 온종일 [마음에 걸렸]다.
벌떡	눕거나 앉아 있다가 갑자기 일어나는 모양	학교에 늦었다는 사실을 깨닫고 [벌떡] 일어났다.
눈을 붙이다	잠을 자다	동생의 창고에 밀을 옮기고 난 형은 그제야 기분 좋게 [눈]을 [붙였]다.
두 다리 뻗고 자다	마음 놓고 편히 자다	걱정되는 일이 다 해결되어서 [두 다리 뻗고] 잘 수 있었다.

28

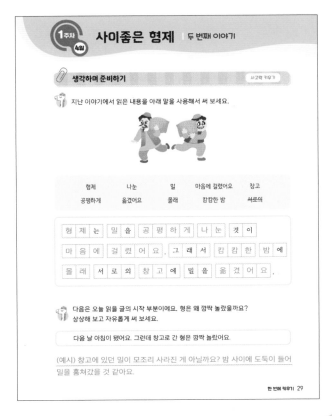

1주차 4회　사이좋은 형제 | 두 번째 이야기

생각하며 준비하기　[사고력 키우기]

지난 이야기에서 읽은 내용을 아래 말을 사용해서 써 보세요.

| 형제 | 나눈 | 밀 | 마음에 걸렸어요 | 창고 |
| 공평하게 | 옮겼어요 | 몰래 | 캄캄한 밤 | 서로의 |

형제는 밀을 공평하게 나눈 것이 마음에 걸렸어요. 그래서 캄캄한 밤에
몰래 서로의 창고에 밀을 옮겼어요.

다음은 오늘 읽을 글의 시작 부분이에요. 형은 왜 깜짝 놀랐을까요?
상상해 보고 자유롭게 써 보세요.

다음 날 아침이 됐어요. 그런데 창고로 간 형은 깜짝 놀랐어요.

(예시) 창고에 있던 밀이 모조리 사라진 게 아닐까요? 밤 사이에 도둑이 들어
밀을 훔쳐갔을 것 같아요.

한 번에 키우기 29

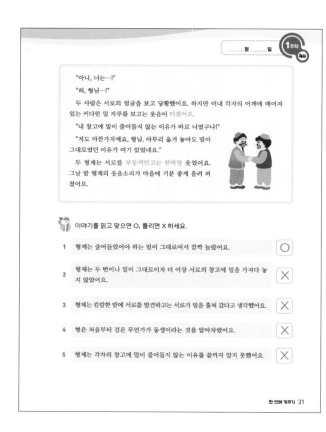

"아니, 너는…!"

"허, 형님…!"

두 사람은 서로의 얼굴을 보고 당황했어요. 하지만 이내 각자의 어깨에 메어져 있는 커다란 밀 자루를 보고 웃음이 터졌어요.

"내 창고에 밀이 줄어들지 않는 이유가 바로 너였구나!"

"저도 마찬가지예요, 형님. 아무리 옮겨 놓아도 밀이 그대로였던 이유가 여기 있었네요."

두 형제는 서로를 부둥켜안고는 한바탕 웃었어요. 그날 밤 형제의 웃음소리가 마을에 기분 좋게 울려 퍼졌어요.

이야기를 읽고 맞으면 O, 틀리면 X 하세요.

1 형제는 줄어들어야 하는 밀이 그대로여서 깜짝 놀랐어요. [O]

2 형제는 두 번이나 밀이 그대로이자 더 이상 서로의 창고에 밀을 가져다 놓지 않았어요. [X]

3 형제는 캄캄한 밤에 서로를 발견하고는 서로가 밀을 훔쳐 갔다고 생각했어요. [X]

4 형은 처음부터 검은 무언가가 동생이라는 것을 알아차렸어요. [X]

5 형제는 각자의 창고에 밀이 줄어들지 않는 이유를 끝까지 알지 못했어요. [X]

한 번에 키우기 31

형과 아우가 한 생각이나 행동의 이유로 적절한 것을 골라 연결하세요.

1 줄어들어야 할 밀이 그대로인 것을 보고 ——— 경계했어요

2 밀을 두 번이나 옮겨도 그대로였던 두 사람은 ——— 부둥켜안았어요

3 형은 캄캄한 밤에 검은 누군가가 걸어 오고 있어서 ——— 의아했어요

4 아무리 옮겨 놔도 밀이 그대로였던 이유를 알게 되자 두 사람은 ——— 단념하지 않았어요

두 사람이 자신의 창고에 있던 밀을 두 번이나 서로의 창고에 옮겨 놓았지만 밀은 줄어들지 않았어요. 그 이유를 써 보세요.

예시) 두 사람이 계속 서로의 창고에 밀을 몰래 가져다 놓았기 때문이에요.

추측한 어휘 확인하기 어휘력 키우기

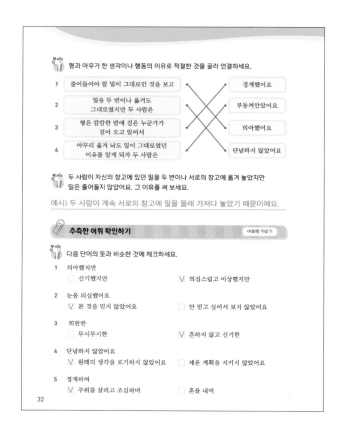

다음 단어의 뜻과 비슷한 것에 체크하세요.

1 의아했지만
☐ 신기했지만 ☑ 의심스럽고 이상했지만

2 눈을 의심했어요
☑ 본 것을 믿지 않았어요 ☐ 안 믿고 싶어서 보지 않았어요

3 희한한
☐ 무시무시한 ☑ 흔하지 않고 신기한

4 단념하지 않았어요
☑ 원래의 생각을 포기하지 않았어요 ☐ 세운 계획을 지키지 않았어요

5 경계하며
☑ 주위를 살피고 조심하며 ☐ 혼을 내며

32

어울리는 것을 찾아 줄로 이으세요.

1 고개를 ——— 내디뎠어요

2 눈을 ——— 의심했어요

3 발을 ——— 걸었어요

4 웃음이 ——— 터졌어요

5 자박자박 ——— 갸웃했어요

생각대로 표현하기 표현력 키우기

다른 사람에게 양보해 본 적이 있어요? 그때의 경험을 떠올려 보고 아래에 메모해 보세요.

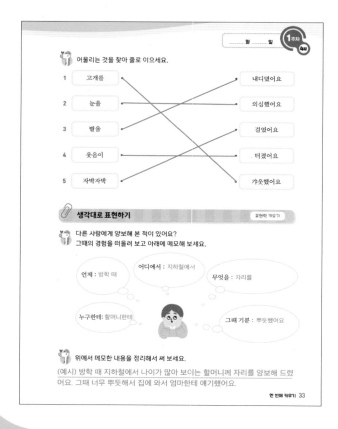

언제 : 방학 때
어디에서 : 지하철에서
무엇을 : 자리를
누구한테 : 할머니한테
그때 기분 : 뿌듯했어요

위에서 메모한 내용을 정리해서 써 보세요.

(예시) 방학 때 지하철에서 나이가 많아 보이는 할머니께 자리를 양보해 드렸어요. 그때 너무 뿌듯해서 집에 와서 엄마한테 얘기했어요.

한 번에 키우기 33

4일차 어휘 정리하기

다음 단어의 의미를 소리 내어 읽어 보고 단어를 활용해 빈칸을 채워 보세요.

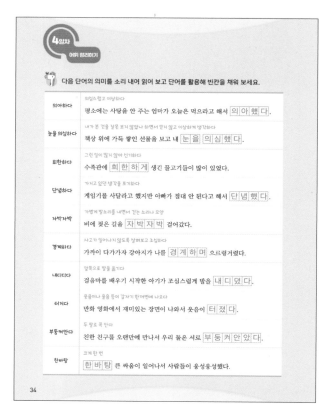

단어	의미 / 예문
의아하다	의심스럽고 이상하다 평소에는 사탕을 안 주는 엄마가 오늘은 먹으라고 해서 [의][아]했다.
눈을 의심하다	내가 본 것을 잘못 보지 않았나 하면서 믿지 않고 이상하게 생각하다 책상 위에 가득 쌓인 선물을 보고 내 [눈]을 [의][심]했다.
희한하다	그런 일이 많지 않아 신기하다 수족관에 [희][한]하게 생긴 물고기들이 많이 있었다.
단념하다	가지고 있던 생각을 포기하다 게임기를 사달라고 했지만 아빠가 절대 안 된다고 해서 [단][념]했다.
자박자박	가볍게 발소리를 내면서 걷는 소리나 모양 비에 젖은 길을 [자][박][자][박] 걸어갔다.
경계하다	사고가 일어나지 않도록 살펴보고 조심하다 가까이 다가가자 강아지가 나를 [경][계]하며 으르렁거렸다.
내디디다	앞쪽으로 발을 옮기다 걸음마를 배우기 시작한 아기가 조심스럽게 발을 [내][디][뎠]다.
터지다	웃음이나 울음 등이 갑자기 한꺼번에 나오다 만화 영화에서 재미있는 장면이 나와서 웃음이 [터][졌]다.
부둥켜안다	두 팔로 꼭 안다 친한 친구를 오랜만에 만나서 우리 둘은 서로 [부][둥][켜][안]았다.
한바탕	크게 한 번 [한][바][탕] 큰 싸움이 일어나서 사람들이 웅성웅성했다.

34

어휘 연습하기

솔로몬과 두 엄마 : 첫 번째 이야기

다음 빈칸에 들어갈 말을 골라 알맞게 고쳐 쓰세요.

기발하다	우기다	눈 하나 깜짝 안 하다	기웃대다

1 친구가 가위바위보에서 졌는데도 계속 다시 하자고 우 겼 다 .

2 친구는 눈 하 나 깜 짝 안 하 고 거짓말을 했다.

3 친구가 내가 한 숙제를 보려고 이리저리 기 웃 댔 다 .

4 친구의 기 발 한 아이디어에 모두 박수치면서 칭찬했다.

솔로몬과 두 엄마 : 두 번째 이야기

다음 빈칸에 들어갈 말을 골라 알맞게 고쳐 쓰세요.

공평하다	사색	판결하다	심상치 않다

1 선생님이 학생들에게 사탕을 두 개씩 공 평 하 게 나눠 주셨다.

2 엄마가 동생 편만 들면서 내가 더 잘못했다고 판 결 해 서 서운했다.

3 배탈이 나서 아무것도 못 먹었더니 얼굴이 사 색 이 됐다.

4 구름이 잔뜩 끼고 바람이 세게 분다. 날씨가 심 상 치 않 다 .

36

사이좋은 형제 : 첫 번째 이야기

다음 빈칸에 들어갈 말을 골라 알맞게 고쳐 쓰세요.

양보하다	자자하다	마음에 걸리다	뒤척이다

1 지하철에서 할머니, 할아버지를 보면 자리를 양 보 한 다 .

2 엄마에게 짜증을 부리고서 학교에 오니 마 음 에 걸 렸 다 .

3 지수는 양보도 잘하고 인사도 잘해서 칭찬이 자 자 했 다 .

4 고민이 생겨서 밤새 잠을 못 자고 뒤 척 였 다 .

사이좋은 형제 : 두 번째 이야기

다음 빈칸에 들어갈 말을 골라 알맞게 고쳐 쓰세요.

의아하다	눈을 의심하다	희한하다	단념하다

1 어제까지 사이가 좋지 않았던 두 사람이 오늘은 친하게 지내서 의 아 했 다 .

2 여름에 갑자기 눈이 와서 잘못 본 게 아닌가 하고 눈 을 의 심 했 다 .

3 수족관에는 알록달록 희 한 하 게 생긴 물고기들이 많이 있다.

4 엄마에게 게임기를 사달라고 졸랐지만 엄마가 절대 안 된다고 해서 게임기 사는 것을 단 념 했 다 .

맥락 파악하기

솔로몬과 두 엄마

이야기를 순서에 맞게 나열해 보세요.

1 왕은 아이를 공평하게 둘로 나누어 가지라고 말했어요.

2 왕은 까만 머리 여인이 아이의 진짜 엄마라고 말하고 가짜 엄마를 벌줬어요.

3 어느 날 두 여인이 갓난아이를 데리고 솔로몬 왕을 찾아왔어요.

4 까만 머리 여인이 왕의 판결을 듣고 달려 나와 아이를 살려 달라고 했어요.

5 두 여인은 서로 자신이 아이의 진짜 엄마라고 주장했어요.

6 왕은 아이가 두 여인의 머리색과 눈동자를 모두 닮아 고민에 빠졌어요.

(3)-(5)-(6)-(1)-(4)-(2)

사이좋은 형제

이야기를 순서에 맞게 나열해 보세요.

1 둘은 밀을 공평하게 반으로 나누어 각자의 집 창고에 가져다 두었어요.

2 사이좋은 형제는 함께 농사를 지었고 가을이 되어 기른 밀을 거둬들였어요.

3 형은 동생의 창고에, 동생은 형의 창고에 자신의 밀을 몰래 옮겼어요.

4 형과 동생은 밀을 똑같이 반으로 나눈 것이 마음에 걸렸어요.

5 형제는 각자의 창고에 있던 밀이 줄어들지 않아 의아했어요.

6 형제는 한밤중에 밀을 옮기는 서로를 발견하고 부둥켜안았어요.

(2)-(1)-(4)-(3)-(5)-(6)

38

중심 내용 떠올리기

<솔로몬과 두 엄마>, <사이좋은 형제> 두 이야기 중 인상 깊게 읽은 이야기를 골라 전체 내용을 4컷 만화로 그려 보세요.

1
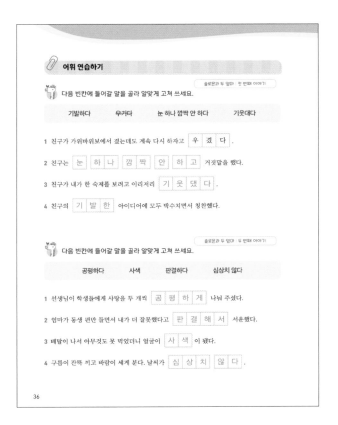

2
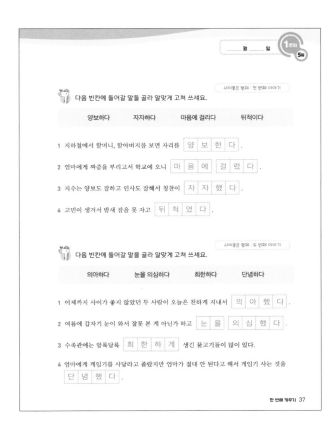

3
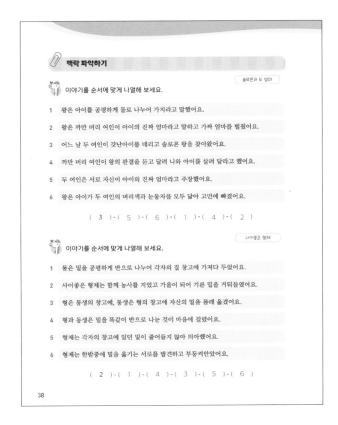

4

2주차 1일 못생긴 랍비와 포도주 | 첫 번째 이야기

생각하며 준비하기   사고력 키우기

번쩍번쩍 빛이 나는 금 그릇과 오래된 나무통이 있어요.
여러분이라면 어디에 포도주를 담글 것 같아요? 왜 그렇게 할 거예요?

(예시) 금 그릇에 포도주를 담가 볼래요! 금 그릇에 담그면 색깔이 반짝반짝
예쁘게 나올 것 같아요.

호박은 어떻게 생긴 것 같아요? 호박으로는 어떤 일을 할 수 있을까요?
생각을 자유롭게 써 보세요.

> 호박은 울퉁불퉁 못생겼어요.
> 그렇지만 호박죽으로 만들어 먹으면
> 달고 맛있어요.
> 보기

(예시) 호박은 쭈글쭈글하고 커요. 축제 때 호박으로 가면을 만든 적이
있는데, 그 가면은 꽤 귀여웠어요.

한 번에 키우기 41

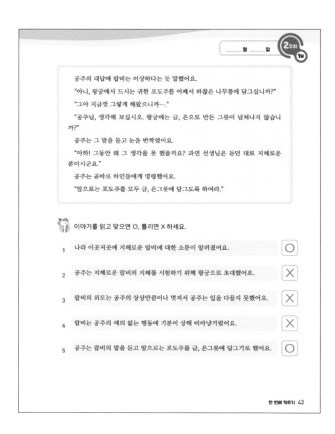

월 ___ 일 2주차 1일

공주의 대답에 랍비는 이상하다는 듯 말했어요.

"아니, 왕궁에서 드시는 귀한 포도주를 어째서 하찮은 나무통에 담그십니까?"

"그야 지금껏 그렇게 해왔으니까…."

"공주님, 생각해 보십시오. 왕궁에는 금, 은으로 만든 그릇이 넘쳐나지 않습니까?"

공주는 그 말을 듣고 눈을 반짝였어요.

"아하! 그동안 왜 그 생각을 못 했을까요? 과연 선생님은 듣던 대로 지혜로운 분이시군요."

공주는 곧바로 하인들에게 명령했어요.

"앞으로는 포도주를 모두 금, 은그릇에 담그도록 하여라."

이야기를 읽고 맞으면 O, 틀리면 X 하세요.

1 나라 이곳저곳에 지혜로운 랍비에 대한 소문이 알려졌어요. [O]

2 공주는 지혜로운 랍비의 지혜를 시험하기 위해 왕궁으로 초대했어요. [X]

3 랍비의 외모는 공주의 상상만큼이나 멋져서 공주는 입을 다물지 못했어요. [X]

4 랍비는 공주의 예의 없는 행동에 기분이 상해 비아냥거렸어요. [X]

5 공주는 랍비의 말을 듣고 앞으로는 포도주를 금, 은그릇에 담그기로 했어요. [O]

한 번에 키우기 43

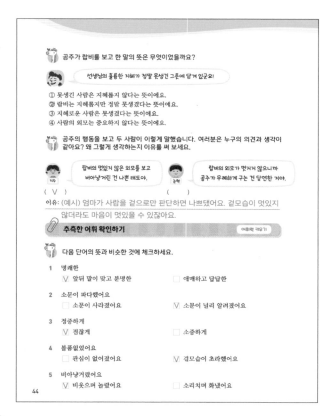

공주가 랍비를 보고 한 말의 뜻은 무엇이었을까요?

> 선생님의 훌륭한 지혜가 정말 못생긴 그릇에 담겨 있군요!

① 못생긴 사람은 지혜롭지 않다는 뜻이에요.
② 랍비는 지혜롭지만 정말 못생겼다는 뜻이에요.
③ 지혜로운 사람은 못생겼다는 뜻이에요.
④ 사람의 외모는 중요하지 않다는 뜻이에요.

공주의 행동을 보고 두 사람이 이렇게 말했습니다. 여러분은 누구의 의견과 생각이
같아요? 왜 그렇게 생각하는지 이유를 써 보세요.

> 민수: 랍비의 멋있지 않은 외모를 보고
> 비아냥거린 건 나쁜 태도야.

> 슬기: 랍비의 외모가 멋지지 않으니까
> 공주가 무례하게 구는 건 당연한 거야.

(V)

이유: (예시) 엄마가 사람을 겉으로만 판단하면 나쁘댔어요. 겉모습이 멋지지
않더라도 마음이 멋질 수 있잖아요.

추측한 어휘 확인하기   어휘력 키우기

다음 단어의 뜻과 비슷한 것에 체크하세요.

1 명쾌한
　V 앞뒤 말이 맞고 분명한　　　☐ 애매하고 답답한

2 소문이 파다했어요
　☐ 소문이 사라졌어요　　　V 소문이 널리 알려졌어요

3 정중하게
　V 점잖게　　　☐ 소중하게

4 볼품없었어요
　☐ 관심이 없어졌어요　　　V 겉모습이 초라했어요

5 비아냥거렸어요
　V 비웃으며 놀렸어요　　　☐ 소리치며 화냈어요

44

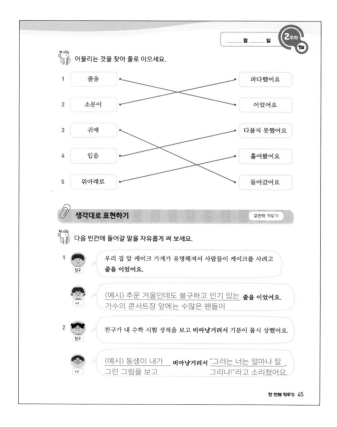

월 ___ 일 2주차 1일

어울리는 것을 찾아 줄로 이으세요.

1 줄을　　　　　　　　　　　파다했어요

2 소문이　　　　　　　　　　이었어요

3 귀에　　　　　　　　　　　다물지 못했어요

4 입을　　　　　　　　　　　흘어봤어요

5 위아래로　　　　　　　　　들어갔어요

생각대로 표현하기   표현력 키우기

다음 빈칸에 들어갈 말을 자유롭게 써 보세요.

1 우리 집 앞 케이크 가게가 유명해져서 사람들이 케이크를 사려고
　줄을 이었어요.

　(예시) 추운 겨울인데도 불구하고 인기 있는　줄을 이었어요.
　가수의 콘서트장 앞에는 수많은 팬들이

2 친구가 내 수학 시험 성적을 보고 비아냥거려서 기분이 몹시 상했어요.

　(예시) 동생이 내가　비아냥거려서 "그러는 너는 얼마나 잘
　그린 그림을 보고　그리냐!"라고 소리쳤어요.

한 번에 키우기 45

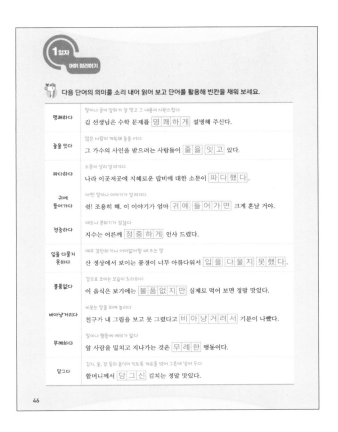

다음 단어의 의미를 소리 내어 읽어 보고 단어를 활용해 빈칸을 채워 보세요.

명쾌하다	말이나 글이 알기 쉽 맑고 그 내용이 시원스럽다
	김 선생님은 수학 문제를 명|쾌|하|게 설명해 주신다.
줄을 잇다	많은 사람이 계속해서 줄을 서다
	그 가수의 사인을 받으려는 사람들이 줄|을|잇|고 있다.
파다하다	소문이 널리 알려지다
	나라 이곳저곳에 지혜로운 랍비에 대한 소문이 파|다|했|다.
귀에 들어가다	어떤 말이나 이야기가 알려지다
	쉿! 조용히 해. 이 이야기가 엄마 귀|에|들|어|가|면 크게 혼날 거야.
정중하다	태도나 분위기가 점잖다
	지수는 어른께 정|중|하|게 인사 드렸다.
입을 다물지 못하다	매우 감탄하거나 어이없어할 때 쓰는 말
	산 정상에서 보이는 풍경이 너무 아름다워서 입|을|다|물|지 못했다.
불품없다	겉으로 보이는 모습이 초라하다
	이 음식은 보기에는 불|품|없|지|만 실제로 먹어 보면 정말 맛있다.
비아냥거리다	비웃는 말을 하며 놀리다
	친구가 내 그림을 보고 못 그렸다고 비|아|냥|거|려|서 기분이 나빴다.
무례하다	말이나 행동에 예의가 없다
	앞 사람을 밀치고 지나가는 것은 무|례|한 행동이다.
담그다	김치, 술, 장 등의 음식이 익도록 재료를 섞어 그릇에 넣어 두다
	할머니께서 담|그|신 김치는 정말 맛있다.

생각하며 준비하기 사고력 키우기

지난 이야기에서 읽은 내용을 아래 말을 사용해서 써 보세요.

공주	불품없었요	랍버	상상과는 달리	못생긴
지혜	훌륭한	큰그릇	담겨 있군요	외모

랍	비	의		외	모	는		공	주	의		상	상	과	는		달	리
너	무	나		불	품	없	었	어	요	.		그	래	서		공	주	는
"	선	생	님	의		훌	륭	한		지	혜	는		못	생	긴		
그	릇	에		담	겨		있	군	요	.	"	라	고		말	했	어	요

지난 이야기에서 랍비는 공주에게 금, 은그릇에 포도주를 담는 것을 제안했어요. 금과 은그릇에 담근 포도주는 맛이 더 좋아졌을까요? 아닐까요?

(예시) 포도주의 맛이 더 좋아졌을 것 같아요. 비싼 그릇은 비싼 만큼
음식의 맛을 더 좋게 해줄 것 같아서요.

방으로 돌아온 공주는 곧바로 랍비를 불러 따졌어요.
"어째서 내게 그리 어리석은 방법을 알려준 겁니까! 당신은 분명 포도주를 금, 은그릇에 담그면 안 되는 것을 알고 있었을 텐데요!"
이에 랍비는 차분하게 대답했습니다.
"공주님, 저는 단지 중요한 사실을 가르쳐 드리고 싶었을 뿐입니다. 훌륭한 것도 때로는 하찮은 그릇에 담아 놓는 게 나을 수 있다는 것을요."
공주는 홍당무처럼 새빨개진 얼굴이 되어 아무 말도 할 수가 없었어요.

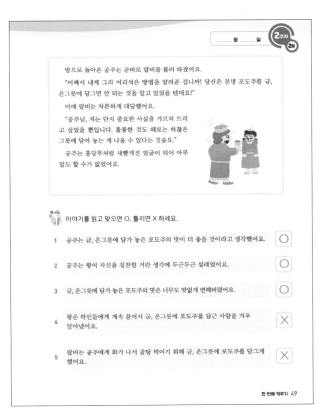

이야기를 읽고 맞으면 O, 틀리면 X 하세요.

1 공주는 금, 은그릇에 담가 놓은 포도주의 맛이 더 좋을 것이라고 생각했어요. (O)

2 공주는 왕이 자신을 칭찬할 거란 생각에 두근두근 설레었어요. (O)

3 금, 은그릇에 담가 놓은 포도주의 맛은 너무도 맛없게 변해버렸어요. (O)

4 왕은 하인들에게 계속 물어서 금, 은그릇에 포도주를 담근 사람을 겨우 알아냈어요. (X)

5 랍비는 공주에게 화가 나서 골탕 먹이기 위해 금, 은그릇에 포도주를 담그게 했어요. (X)

랍비의 말을 다시 읽어 보고 훌륭한 것과 하찮은 그릇에 해당하는 것을 고르세요.

훌륭한 것도 때로는 하찮은 그릇에 담아 놓는 게 나을 때가 있습니다.

① 나무통 ② 랍비의 지혜 ③ 맛있는 포도주 ④ 못생긴 외모

훌륭한 것	하찮은 그릇
2, 3	1, 4

공주가 깨달은 것은 무엇이었을까요? 자유롭게 써 보세요.

(예시) 겉모습만 보고 그 사람을 판단해서는 안 된다고 느꼈을 것 같아요.

추측한 어휘 확인하기 어휘력 키우기

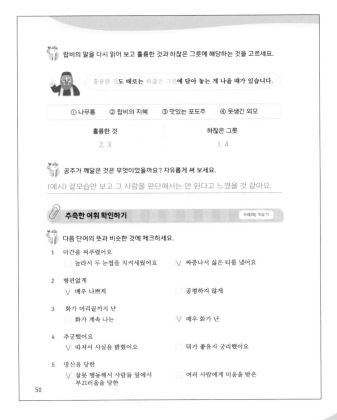

다음 단어의 뜻과 비슷한 것에 체크하세요.

1 미간을 찌푸렸어요
  □ 놀라서 두 눈썹을 치켜세웠어요 ☑ 짜증나서 싫은 티를 냈어요

2 형편없게
  ☑ 매우 나쁘게 □ 공평하지 않게

3 화가 머리끝까지 난
  □ 화가 계속 나는 ☑ 매우 화가 난

4 추궁했어요
  ☑ 따져서 사실을 밝혔어요 □ 뭐가 좋을지 궁리했어요

5 망신을 당한
  ☑ 잘못 행동해서 사람들 앞에서 부끄러움을 당한 □ 여러 사람에게 미움을 받은

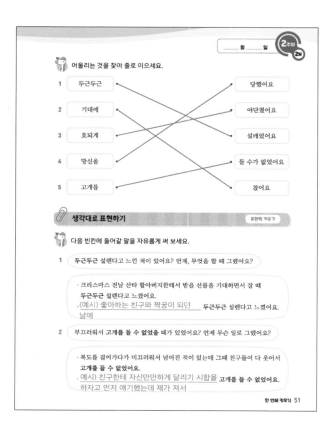

어울리는 것을 찾아 줄로 이으세요.

1 두근두근 ——— 당했어요
2 기대에 ——— 야단쳤어요
3 호되게 ——— 설레었어요
4 망신을 ——— 들 수가 없었어요
5 고개를 ——— 찼어요

생각대로 표현하기   표현력 키우기

다음 빈칸에 들어갈 말을 자유롭게 써 보세요.

1 두근두근 설렌다고 느낀 적이 있어요? 언제, 무엇을 할 때 그랬어요?

· 크리스마스 전날 산타 할아버지한테서 받을 선물을 기대하면서 잘 때 두근두근 설렌다고 느꼈어요.
· (예시) 좋아하는 친구와 짝꿍이 되던 날에 _____ 두근두근 설렌다고 느꼈어요.

2 부끄러워서 고개를 들 수 없었을 때가 있었어요? 언제 무슨 일로 그랬어요?

· 복도를 걸어가다가 미끄러워서 넘어진 적이 있는데 그때 친구들이 다 웃어서 고개를 들 수 없었어요.
· (예시) 친구한테 자신만만하게 달리기 시합을 하자고 먼저 얘기했는데 제가 저서 _____ 고개를 들 수 없었어요.

한 번에 키우기 51

다음 단어의 의미를 소리 내어 읽어 보고 단어를 활용해 빈칸을 채워 보세요.

단어	의미 / 예문
두근두근	놀랍거나 기대가 되어서 가슴이 빠르게 뛰는 모양 '생일 선물로 무엇을 받을까?'하고 가슴이 두근두근 뛰었다.
미간	양 눈썹 사이 길에서 쓰레기를 버리는 사람을 보고 미간 을 찌푸렸다.
기대에 차다	어떤 일이 이루어지기를 바라며 기다리는 마음으로 가득하다 동생은 기대에 찬 얼굴로 사탕 포장지를 뜯었다.
형편없다	결과나 상태가 매우 좋지 못하다 공부를 하나도 안 하고 시험을 봤더니 결과가 형편없었다.
화가 머리끝까지 나다	아주 화가 나다 동생이 자꾸 내 장난감을 망가뜨려서 화가 머리끝까지 났다.
추궁하다	잘못한 일을 따져서 밝히다 선생님이 누가 교실 바닥을 더럽혔는지 추궁했다.
눈치를 보다	남의 마음이나 생각, 태도 등을 살피다 언니가 갑자기 쌀쌀맞게 대해서 눈치를 봤다.
야단치다	큰 소리로 매우 심하게 꾸짖다 거짓말을 자주 한 아이를 부모님이 야단쳤다.
망신 당하다	말이나 행동을 잘못하여 부끄러움을 당하다 틀린 답을 맞다고 우겨서 망신 당했다.
고개를 들다	자신의 상황이나 말과 행동이 당당하다고 느껴 굽힐 것이 없이 행동하다 나의 잘못을 깨닫고 고개를 들 수가 없었다.

52

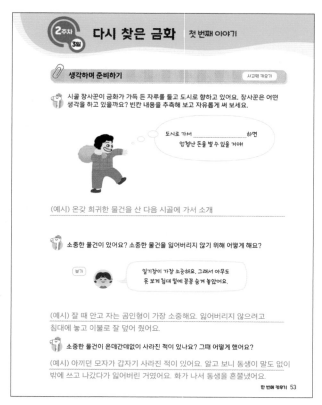

2주차 3회 다시 찾은 금화   첫 번째 이야기

생각하며 준비하기   사고력 키우기

시골 장사꾼이 금화가 가득 든 자루를 들고 도시로 향하고 있어요. 장사꾼은 어떤 생각을 하고 있을까요? 빈칸 내용을 추측해 보고 자유롭게 써 보세요.

도시로 가서 _____ 하면 엄청난 돈을 벌 수 있을 거야

(예시) 온갖 희귀한 물건을 산 다음 시골에 가서 소개

소중한 물건이 있어요? 소중한 물건을 잃어버리지 않기 위해 어떻게 해요?

보기
일기장이 가장 소중해요. 그래서 아무도 못 보게 침대 밑에 꽁꽁 숨겨 놓았어요.

(예시) 잘 때 안고 자는 곰인형이 가장 소중해요. 잃어버리지 않으려고 침대에 놓고 이불로 잘 덮어 줬어요.

소중한 물건이 온데간데없이 사라진 적이 있나요? 그때 어떻게 했어요?

(예시) 아끼던 모자가 갑자기 사라진 적이 있어요. 알고 보니 동생이 말도 없이 밖에 쓰고 나갔다가 잃어버린 거예요. 화가 나서 동생을 혼쭐냈어요.

한 번에 키우기 53

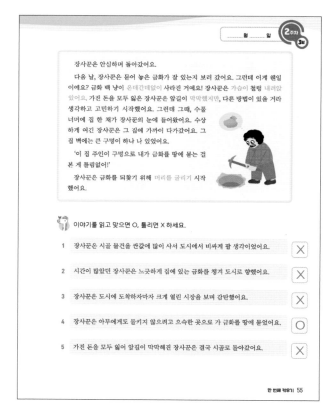

장사꾼은 안심하며 돌아갔어요.
다음 날, 장사꾼은 묻어 놓은 금화가 잘 있는지 보러 갔어요. 그런데 이게 웬일이에요? 금화 백 냥이 온데간데없이 사라진 거예요! 장사꾼은 가슴이 철렁 내려앉았어요. 가진 돈을 모두 잃은 장사꾼은 앞길이 막막했지만, 다른 방법이 있을 거라 생각하고 고민하기 시작했어요. 그런데 그때, 수풀 너머에 집 한 채가 장사꾼의 눈에 들어왔어요. 수상하게 여긴 장사꾼은 그 집에 가까이 다가갔어요. 그 집 벽에는 큰 구멍이 하나 나 있었어요.
'이 집 주인이 구멍으로 내가 금화를 땅에 묻는 걸 본 게 틀림없어!'
장사꾼은 금화를 되찾기 위해 머리를 굴리기 시작했어요.

이야기를 읽고 맞으면 O, 틀리면 X 하세요.

1 장사꾼은 시골 물건을 싼값에 많이 사서 도시에서 비싸게 팔 생각이었어요. [X]

2 시간이 많았던 장사꾼은 느긋하게 집에 있는 금화를 챙겨 도시로 향했어요. [X]

3 장사꾼은 도시에 도착하자마자 크게 열린 시장을 보며 감탄했어요. [X]

4 장사꾼은 아무에게도 들키지 않으려고 으슥한 곳으로 가 금화를 땅에 묻었어요. [O]

5 가진 돈을 모두 잃어 앞길이 막막해진 장사꾼은 결국 시골로 돌아갔어요. [X]

한 번에 키우기 55

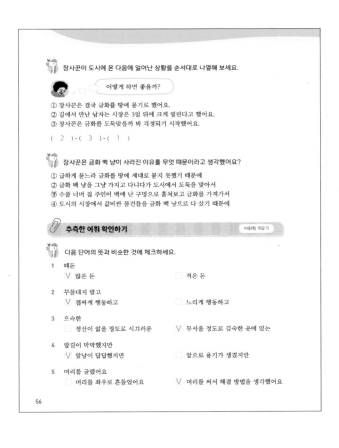

장사꾼이 도시에 온 다음에 일어난 상황을 순서대로 나열해 보세요.

어떻게 하면 좋을까?

① 장사꾼은 결국 금화를 땅에 묻기로 했어요.
② 길에서 만난 남자는 시장이 3일 뒤에 크게 열린다고 했어요.
③ 장사꾼은 금화를 도둑맞을까 봐 걱정되기 시작했어요.

(2) - (3) - (1)

장사꾼은 금화 백 냥이 사라진 이유를 무엇 때문이라고 생각했어요?

① 급하게 묻느라 금화를 땅에 제대로 묻지 못했기 때문에
② 금화 백 냥을 그냥 가지고 다니다가 도시에서 도둑을 맞아서
③ 수풀 너머 집 주인이 벽에 난 구멍으로 훔쳐보고 금화를 가져가서
④ 도시의 시장에서 값비싼 물건들을 금화 백 냥으로 다 사기 때문에

✏️ 추측한 어휘 확인하기 　　어휘력 키우기

다음 단어의 뜻과 비슷한 것에 체크하세요.

1 때돈
　✓ 많은 돈　　　　☐ 적은 돈

2 꾸물대지 말고
　✓ 잽싸게 행동하고　　☐ 느리게 행동하고

3 으슥한
　☐ 정신이 없을 정도로 시끄러운　✓ 무서울 정도로 길숙한 곳에 있는

4 앞길이 막막했지만
　✓ 앞날이 답답했지만　　☐ 앞으로 용기가 생겼지만

5 머리를 굴렸어요
　☐ 머리를 좌우로 흔들었어요　✓ 머리를 써서 해결 방법을 생각했어요

56

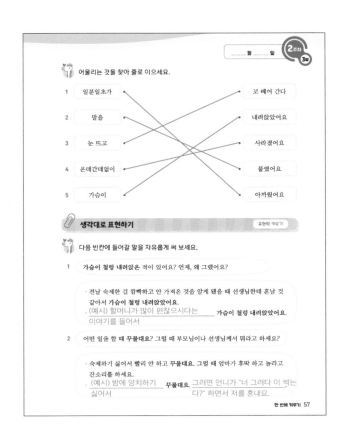

어울리는 것을 찾아 줄로 이으세요.

1 일분일초가 ━━━ 코 베어 간다
2 말을 ━━━ 내려앉았어요
3 눈 뜨고 ━━━ 사라졌어요
4 온데간데없이 ━━━ 붙였어요
5 가슴이 ━━━ 아까웠어요

✏️ 생각대로 표현하기 　　표현력 키우기

다음 빈칸에 들어갈 말을 자유롭게 써 보세요.

1 가슴이 철렁 내려앉은 적이 있어요? 언제, 왜 그랬어요?

· 전날 숙제한 걸 깜빡하고 안 가져온 것을 알게 됐을 때 선생님한테 혼날 것 같아서 가슴이 철렁 내려앉았어요.
· (예시) 할머니가 많이 편찮으시다는 _____ 가슴이 철렁 내려앉았어요. 이야기를 들어서

2 어떤 일을 할 때 꾸물대요? 그럴 때 부모님이나 선생님께서 뭐라고 하세요?

· 숙제하기 싫어서 빨리 안 하고 꾸물대요. 그럴 때 엄마가 후딱 하고 놀라고 잔소리를 하세요.
· (예시) 밤에 양치하기 _____ 꾸물대요. 그러면 언니가 "너 그러다 이 썩는 싫어서 다?" 하면서 저를 혼내요.

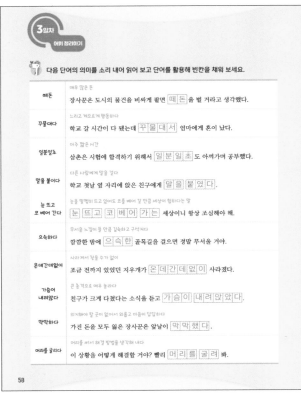

다음 단어의 의미를 소리 내어 읽어 보고 단어를 활용해 빈칸을 채워 보세요.

때돈	매우 많은 돈 장사꾼은 도시의 물건을 비싸게 팔면 때돈을 벌 거라고 생각했다.
꾸물대다	느리고 게으르게 행동하다 학교 갈 시간이 다 됐는데 꾸물대서 엄마에게 혼이 났다.
일분일초	아주 짧은 시간 삼촌은 시험에 합격하기 위해서 일분일초도 아껴가며 공부했다.
말을 붙이다	다른 사람에게 말을 걸다 학교 첫날 옆 자리에 앉은 친구에게 말을 붙였다.
눈 뜨고 코 베어 간다	눈을 멀쩡히 뜨고 있어도 코를 베어 갈 만큼 세상이 험하다는 말 눈 뜨고 코 베어 가는 세상이니 항상 조심해야 해.
으슥하다	무서운 느낌이 들 만큼 길숙하고 구석지다 깜깜한 밤에 으슥한 골목길을 걸으면 정말 무서울 거야.
온데간데없이	사라져서 찾을 수가 없이 조금 전까지 있었던 지우개가 온데간데없이 사라졌다.
가슴이 내려앉다	큰 충격으로 매우 놀라다 친구가 크게 다쳤다는 소식을 듣고 가슴이 내려앉았다.
막막하다	의지해야 할 곳이 없어서 외롭고 마음이 답답하다 가진 돈을 모두 잃은 장사꾼은 앞날이 막막했다.
머리를 굴리다	머리를 써서 해결 방법을 생각해 내다 이 상황을 어떻게 해결할 거야? 빨리 머리를 굴려 봐.

58

📎 생각하며 준비하기 　　사고력 키우기

지난 이야기에서 읽은 내용을 아래 말을 사용해서 써 보세요.

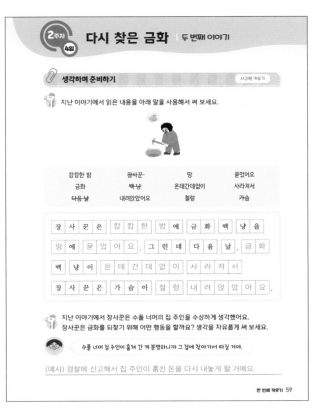

캄캄한 밤	장사꾼	땅	묻었어요
금화	백냥	온데간데없이	사라져서
다음날	내려앉았어요	철렁	가슴

장 사 꾼 은 　 캄 캄 한 　 밤 에 　 금 화 　 백 　 냥 을
땅 에 　 묻 었 어 요 . 　 그 런 데 　 다 음 　 날 . 　 금 화
백 　 냥 이 　 온 데 간 데 없 이 　 사 라 져 서
장 사 꾼 은 　 가 슴 이 　 철 렁 　 내 려 앉 았 어 요 .

지난 이야기에서 장사꾼은 수풀 너머의 집 주인을 수상하게 생각했어요.
장사꾼은 금화를 되찾기 위해 어떤 행동을 할까요? 생각을 자유롭게 써 보세요.

수풀 너머 집 주인이 훔쳐 간 게 분명하니까 그 집에 찾아가서 따질 거야.

(예시) 경찰에 신고해서 집 주인이 훔친 돈을 다시 내놓게 할 거예요.

_____ 월 ____ 일

"_____"

"그렇군요. 해가 지면 얼른 나머지 금화를 함께 묻어야겠어요. 고맙습니다."
장사꾼이 돌아가자 할아버지는 **부랴부랴** 집 안으로 들어가 훔쳤던 금화 백 냥을 가지고 나왔어요. 그리고 원래 있던 자리에 잽싸게 파묻었어요.
'호호, 금화 2백 냥이 내 것이 되겠군.'
할아버지는 금화를 가질 생각에 **마음이 부풀었어요.** 장사꾼은 나무 뒤에 숨어 이 모든 걸 지켜봤지요.
'역시 내 생각이 맞았군. 저 할아버지가 범인이었어.'
장사꾼은 다행히 금화를 되찾을 수 있었어요.

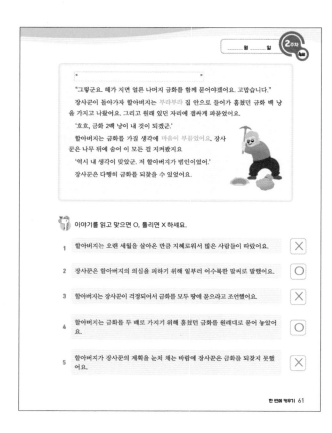

이야기를 읽고 맞으면 O, 틀리면 X 하세요.

1 할아버지는 오랜 세월을 살아온 만큼 지혜로워서 많은 사람들이 따랐어요. [X]

2 장사꾼은 할아버지의 의심을 피하기 위해 일부러 어수룩한 말씨로 말했어요. [O]

3 할아버지는 장사꾼이 걱정되어서 금화를 모두 땅에 묻으라고 조언했어요. [X]

4 할아버지는 금화를 두 배로 가지기 위해 훔쳤던 금화를 원래대로 묻어 놓았어요. [O]

5 할아버지가 장사꾼의 계획을 눈치 채는 바람에 장사꾼은 금화를 되찾지 못했어요. [X]

윗글에서 "_____"에 들어갈 할아버지의 대답으로 알맞은 것을 골라 써 보세요.

★ "도시는 눈뜨고 코 베어 가는 곳이니 항상 조심하시오."
★ "백 냥은 땅에 묻었으니 나머지 백 냥은 믿을 만한 사람한테 맡기시오."
★ "나머지 금화도 같은 곳에 묻으시오. 요즘 세상에 믿을 사람 하나 없거든."

"나머지 금화도 같은 곳에 묻으시오. 요즘 세상에 믿을 사람 하나 없거든."

장사꾼에 대한 설명으로 맞지 않은 것을 고르세요.

① 할아버지를 범인이라고 생각했다.
② 할아버지에게 조언을 구하는 척 했다.
③ 장사꾼이 가진 돈은 200냥이다.
④ 할아버지가 더 많은 돈을 가지려고 훔친 돈을 돌려놓을 것이라 생각했다.

추측한 어휘 확인하기

다음 단어의 뜻과 비슷한 것에 체크하세요.

1 날이 선 목소리
V 날카로운 목소리   □ 부드러운 목소리

2 탐탁지 않은 표정
□ 마음에 쏙 드는 표정   V 마음에 안 드는 표정

3 의심을 사지 않게
□ 상대방이 나를 믿지 못하게 V 상대방의 믿음을 얻으려고

4 어수룩한
V 말이나 행동이 순진한   □ 말이나 행동이 못된

5 음흉한
V 속으로 나쁜 생각을 갖고 있는 □ 따뜻하고 배려심이 있는

_____ 월 ____ 일

어울리는 것을 찾아 줄로 이으세요.

1 빼꼼히   털어놓았어요
2 조언을   부풀었어요
3 고민을   내밀었어요
4 부랴부랴   갔어요
5 마음이   구했어요

생각대로 표현하기

다음 빈칸에 들어갈 말을 자유롭게 써 보세요.

1 친구 기차를 놓칠까 봐 밥을 먹는 둥 마는 둥 하고 **부랴부랴** 기차역으로 달려갔어요.

나 (예시) 친구와의 약속 시간 **부랴부랴** 집에서 나왔어요 에 늦을까 봐

2 친구 방학 때 바닷가에 가서 놀다 올 거라는 이야기를 듣고 한껏 기대에 부풀었어요.

나 (예시) 아빠가 오늘 저녁에 맛있는 음식을 기대에 부풀었어요. 만들어 주신다고 해서

4일차 어휘 정리하기

다음 단어의 의미를 소리 내어 읽어 보고 단어를 활용해 빈칸을 채워 보세요.

날이 서다	날카롭다 기분이 상하는 일이 있었는지 친구가 [날][이][선] 목소리로 말했다.
탐탁지 않다	마음에 들지 않고 만족스럽지 않다 부모님은 주말에 게임만 하는 아이를 [탐][탁][지] [않]게 생각했다.
빼꼼히	작은 틈 사이로 아주 조금만 보이는 모양 누가 왔는지 보려고 창문 틈 사이로 [빼][꼼][히] 내다 보았다.
의심을 사다	상대방이 나를 믿지 못하게 되다 남에게 [의][심][을] [사][는] 행동은 처음부터 하지 말아야 한다.
어수룩하다	말이나 행동이 순진하다 그 사람은 행동이 [어][수][룩][해] 보이지만 그렇게 순진한 사람은 아니야.
조언을 구하다	도움이 되는 말을 해 달라고 부탁하다 어떤 책을 읽으면 좋을지 선생님께 [조][언][을] [구]했다.
고민을 털어놓다	마음속에 있는 걱정거리를 숨김없이 모두 말하다 제일 친한 친구에게 나의 [고][민][을] [털][어][놓]았다.
음흉하다	겉과 다르게 속이 나쁜 마음을 가지고 있다 도둑은 [음][흉][한] 미소를 지으며 가게로 들어왔다.
부랴부랴	매우 급하게 서둘러서 약속 시간에 늦을 것 같아서 [부][랴][부][랴] 출발했다.
마음이 부풀다	희망이나 기대로 마음이 가득 차다 다른 동네로 이사 간 친구를 오랜만에 만나서 [마][음][이] [부][풀]었다.

어휘 연습하기

못생긴 랍비와 포도주 · 첫 번째 이야기

다음 빈칸에 들어갈 말을 골라 알맞게 고쳐 쓰세요.

| 명쾌하다 | 귀에 들어가다 | 무례하다 | 비아냥거리다 |

1 내가 선물 받은 장난감을 보고 친구가 비 아 냥 거 려 서 화가 났다.

2 책 내용을 몰랐는데 친구가 명 쾌 하 게 설명해 줘서 단번에 이해가 됐다.

3 친구들끼리 싸운 일이 선생님 귀 에 들 어 가 서 우리는 모두 혼났다.

4 다른 사람 발을 밟고도 사과하지 않고 지나가는 것은 무 례 한 행동이에요.

못생긴 랍비와 포도주 · 두 번째 이야기

다음 빈칸에 들어갈 말을 골라 알맞게 고쳐 쓰세요.

| 미간 | 형편없다 | 추궁하다 | 눈치 |

1 그 축구팀은 연습을 하나도 하지 않아서 실력이 형 편 없 었 다 .

2 누가 거짓말을 한 거냐고 엄마가 추 궁 했 다 .

3 어디선가 고약한 냄새가 나서 미 간 을 찌푸리며 손으로 코를 막았다.

4 잘못을 저질러서 선생님의 눈 치 를 봤다.

66

다시 찾은 금화 · 첫 번째 이야기

다음 빈칸에 들어갈 말을 골라 알맞게 고쳐 쓰세요.

| 꾸물대다 | 으슥하다 | 온데간데없이 | 머리를 굴리다 |

1 저녁에 먹으려고 아껴뒀던 케이크가 온 데 간 데 없 이 사라졌다.

2 꾸 물 대 지 말고 빨리빨리 준비해!

3 깜깜한 밤에 으 슥 한 길을 걸으면 위험하니까 사람이 많은 큰길로 다녀.

4 친구와 그 문제를 해결하기 위해서 같이 머 리 를 굴 렸 다 .

다음 빈칸에 들어갈 말을 골라 알맞게 고쳐 쓰세요.

다시 찾은 금화 · 두 번째 이야기

| 부랴부랴 | 날이 서다 | 탐탁지 않다 | 조언 |

1 고민이 생길 때마다 나는 부모님께 조 언 을 구한다.

2 학교에 늦은 줄 알고 부 랴 부 랴 가방을 메고 학교까지 달려갔다.

3 안 좋은 일이 있었는지 친구 목소리가 날 이 서 서 있었다.

4 수업 시간에 떠들고 장난치는 학생을 선생님이 탐 탁 지 않 게 생각했다.

맥락 파악하기

못생긴 랍비와 포도주

이야기를 순서에 맞게 나열해 보세요.

1 공주는 랍비에게 훌륭한 지혜가 못생긴 그릇에 담겨 있다는 무례한 말을 했어요.

2 공주는 금, 은그릇에 담근 포도주를 왕께 드리며 칭찬 받을 거라 기대했어요.

3 공주는 지혜로운 랍비를 만나고 싶어서 왕궁으로 초대했어요.

4 왕은 공주가 포도주를 금, 은그릇에 담은 것을 알고 공주를 야단쳤어요.

5 랍비는 귀한 포도주를 왜 하찮은 나무통에 담그냐고 물었어요.

6 훌륭한 것도 하찮은 그릇에 담을 수 있다는 랍비의 말에 공주는 부끄러웠어요.

(3)-(1)-(5)-(2)-(4)-(6)

다시 찾은 금화

이야기를 순서에 맞게 나열해 보세요.

1 땅에 묻어 놓은 금화가 사라졌는데 그 근처에 큰 구멍이 난 집이 있었어요.

2 장사꾼이 시장이 3일 뒤 열린다는 것을 알고 돈을 도둑맞을까 봐 땅에 묻었어요.

3 집주인은 음흉한 표정으로 나머지 금화도 같은 곳에 묻으라고 했어요.

4 피 많은 장사꾼이 도시에서 돈을 벌려고 백 냥을 챙겨 도시로 갔어요.

5 장사꾼은 그 집주인에게 땅에 묻지 않은 금화 백 냥을 안전하게 보관할 수 있는 방법을 물어봤어요.

6 집주인은 이백 냥을 다 가지려고 훔쳤던 금화를 제자리에 두었고 장사꾼은 금화를 되찾을 수 있었어요.

(4)-(2)-(1)-(5)-(3)-(6)

68

중심 내용 떠올리기

〈못생긴 랍비와 포도주〉, 〈다시 찾은 금화〉 두 이야기 중 한 이야기를 골라 가장 기억에 남는 장면을 그려 보세요.

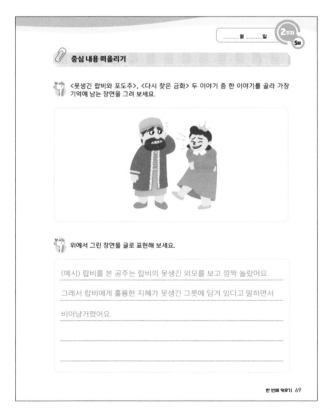

위에서 그린 장면을 글로 표현해 보세요.

(예시) 랍비를 본 공주는 랍비의 못생긴 외모를 보고 깜짝 놀랐어요.

그래서 랍비에게 훌륭한 지혜가 못생긴 그릇에 담겨 있다고 말하면서

비아냥거렸어요.

배에 난 작은 구멍 | 첫 번째 이야기

생각하며 준비하기

사고력 키우기

배에 구멍이 났어요. 구멍이 난 배를 타면 어떻게 될까요?

(예시) 구멍이 난 배를 타면 물이 차오를 거예요. 그러면 배가 가라앉을

테니까 얼른 탈출해야 해요.

배의 밑창에 작은 구멍이 난 것을 발견했어요.
여러분이 그림 속 남자라면 어떻게 할 것 같아요?

(예시) 저라면 바로 주변에 계신 어른들을 불러서 구멍을 막아달라고 부탁할

것 같아요.

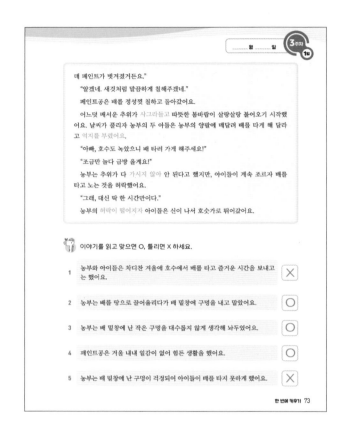

데 페인트가 벗겨졌거든요."

"알겠네. 새것처럼 말끔하게 칠해주겠네."

페인트공은 배를 정성껏 칠하고 돌아갔어요.

어느덧 매서운 추위가 사그라들고 따뜻한 봄바람이 살랑살랑 불어오기 시작했어요. 날씨가 풀리자 농부의 두 아들은 농부의 양팔에 매달려 배를 타게 해 달라고 억지를 부렸어요.

"아빠, 호수도 녹았으니 배 타러 가게 해주세요!"

"조금만 놀다 금방 올게요!"

농부는 추위가 다 가시지 않아 안 된다고 했지만, 아이들이 계속 조르자 배를 타고 노는 것을 허락했어요.

"그래, 대신 딱 한 시간만이다."

농부의 허락이 떨어지자 아이들은 신이 나서 호숫가로 뛰어갔어요.

이야기를 읽고 맞으면 O, 틀리면 X 하세요.

1 농부와 아이들은 차디찬 겨울에 호수에서 배를 타고 즐거운 시간을 보내고는 했어요. ☒

2 농부는 배를 땅으로 끌어올리다가 배 밑창에 구멍을 내고 말았어요. ◯

3 농부는 배 밑창에 난 작은 구멍을 대수롭지 않게 생각해 놔두었어요. ◯

4 페인트공은 겨울 내내 일감이 없어 힘든 생활을 했어요. ◯

5 농부는 배 밑창에 난 구멍이 걱정되어 아이들이 배를 타지 못하게 했어요. ☒

㉠에 들어갈 농부가 한 생각으로 가장 알맞은 것을 찾아 써 보세요.

별일 아니니까 천천히 고치지 뭐.

① 큰일이군. 서둘러서 빨리 고쳐야겠어. ② 별일 아니니까 천천히 고치지 뭐.
③ 페인트공에게 고쳐달라고 부탁해야겠군. ④ 구멍이 작으니 수리를 안 해도 전혀 문제가 없겠어.

등장인물들과 관련된 것을 모두 찾아 줄로 이으세요.

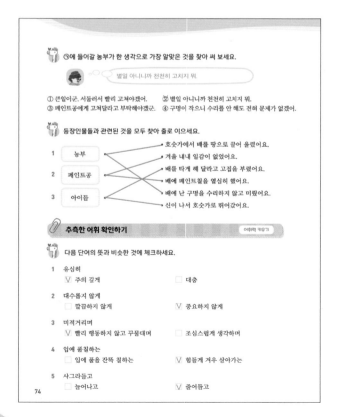

1 농부
2 페인트공
3 아이들

- 호숫가에서 배를 땅으로 끌어 올렸어요.
- 겨울 내내 일감이 없었어요.
- 배를 타게 해 달라고 고집을 부렸어요.
- 배에 페인트칠을 열심히 했어요.
- 배에 난 구멍을 수리하지 않고 미뤘어요.
- 신이 나서 호숫가로 뛰어갔어요.

추측한 어휘 확인하기

어휘력 키우기

다음 단어의 뜻과 비슷한 것에 체크하세요.

1 유심히
　　☑ 주의 깊게　　　　☐ 대충

2 대수롭지 않게
　　☐ 깔끔하지 않게　　☑ 중요하지 않게

3 미적거리며
　　☑ 빨리 행동하지 않고 꾸물대며　　☐ 조심스럽게 생각하며

4 입에 풀칠하는
　　☐ 입에 풀을 잔뜩 칠하는　　☑ 힘들게 겨우 살아가는

5 사그라들고
　　☐ 늘어나고　　　　☑ 줄어들고

어울리는 것을 찾아 줄로 이으세요.

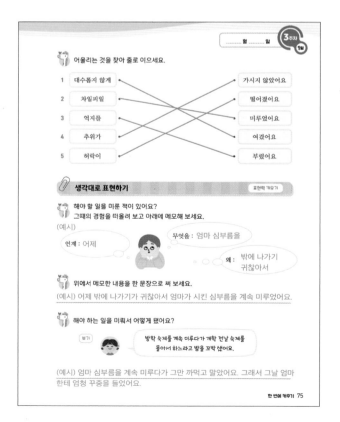

1 대수롭지 않게
2 차일피일
3 억지를
4 추위가
5 허락이

- 가시지 않았어요
- 떨어졌어요
- 미루었어요
- 여겼어요
- 부렸어요

생각대로 표현하기

표현력 키우기

해야 할 일을 미룬 적이 있어요?
그때의 경험을 떠올려 보고 아래에 메모해 보세요.

(예시)

언제 : 어제
무엇을 : 엄마 심부름을
왜 : 밖에 나가기 귀찮아서

위에서 메모한 내용을 한 문장으로 써 보세요.

(예시) 어제 밖에 나가기 귀찮아서 엄마가 시킨 심부름을 계속 미루었어요.

해야 하는 일을 미뤄서 어떻게 됐어요?

보기
방학 숙제를 계속 미루다가 개학 전날 숙제를
몰아서 하느라고 밤을 꼬박 샜어요.

(예시) 엄마 심부름을 계속 미루다가 그만 까먹고 말았어요. 그래서 그날 엄마

한테 엄청 꾸중을 들었어요.

1일차 어휘 정리하기

다음 단어의 의미를 소리 내어 읽어 보고 단어를 활용해 빈칸을 채워 보세요.

단어	의미 / 예문
보관하다	물건을 안전한 곳에 두고 관리하다 남은 음식이 상하지 않게 냉장고에 **보관**해 두세요.
유심히	주의 깊게 이 수업은 어려우니까 **유심히** 들어야 이해할 수 있어요.
대수롭다	대단하거나 중요하게 생각하다 내 친구는 **대수롭지** 않은 일에도 신경 쓰면서 걱정한다.
미적거리다	빨리 결정하거나 행동하지 않고 머뭇거리며 미루다 수학 문제를 풀기가 싫어서 **미적거리**다가 아빠한테 혼이 났다.
차일피일	약속을 조금씩 미루는 모양 방학 숙제를 **차일피일** 계속 미루다가 결국 밤을 새워서 해야 했다.
입에 풀칠하다	먹을 것이 없을 만큼 힘들게 살아가다 나무꾼은 쉬지 않고 일을 해도 **입에 풀칠하**기가 어려울 만큼 가난했다.
사그라들다	높았던 게 거의 사라지다 약을 꾸준히 먹었더니 기침이 많이 **사그라들었다**.
억지를 부리다	안 될 일을 하려고 고집을 부리다 동생이 한겨울에 반팔 티셔츠를 입고 나가겠다고 **억지를 부렸다**.
가시다	어떤 상태가 없어지다 시원한 물을 벌컥벌컥 마셨더니 갈증이 **가셨다**.
허락이 떨어지다	부탁한 일을 하도록 들어주다 엄마 **허락이 떨어져**야 주말에 나가 놀 수 있어.

76

3주차 2일 배에 난 작은 구멍 | 두 번째 이야기

생각하며 준비하기 〈사고력 키우기〉

지난 이야기에서 읽은 내용을 아래 말을 사용해서 써 보세요.

창고	배	농부	보관하려고	구멍
내고 말았어요	땅으로	끌어올리다가		배 밑창
대수롭지 않게 여겼어요		작아 보여		크기

농	부	는		배	를		창	고	에		보	관	하	려	고		땅	으	로
끌	어	올	리	다	가		배	밑	창	에		구	멍	을		내	고		
말	았	어	요	.		그	런	데		농	부	는		구	멍	의		크	기	가
작	아	보	여		대	수	롭	지		않	게		여	겼	어	요	.		

지난 이야기에서 농부는 배 밑창에 구멍이 난 것을 잊고 아이들에게 배를 타는 것을 허락했어요. 아이들에게 무슨 일이 일어날까요? 생각을 자유롭게 써 보세요.

(예시) 배에 물이 차올라서 아이들이 물에 빠졌을 것 같아요. 그런데 주변에 있던 사람들이 도와줘서 왠지 살 수 있을 것 같아요.

한 번에 키우기 77

3주차 2일 ___월 ___일

> 농부는 페인트공의 생각지도 못한 호의가 고마워 콧등이 시큰해졌어요.
> 다음 날, 농부는 아이들과 함께 감사의 선물을 들고 페인트공을 찾아갔어요. 페인트공은 농부를 맞이하며 물었어요.
> "아니, 갑자기 무슨 일로 찾아오셨는가?"
> "부탁을 따로 드린 것도 아닌데, 저희 배 밑창의 구멍을 메워 주셨더군요. 정말 감사합니다."
> 페인트공은 허허 웃으며 답했어요.
> "아니, 별것 아닐세. 그저 나뭇조각으로 구멍을 막아 놓았을 뿐인 걸."
> "아니에요. 어르신께서 호의를 베푸신 덕에 저희 아이들이 목숨을 건질 수 있었습니다."
> 농부는 페인트공의 손을 꼭 잡으며 눈물의 감사 인사를 전했어요.

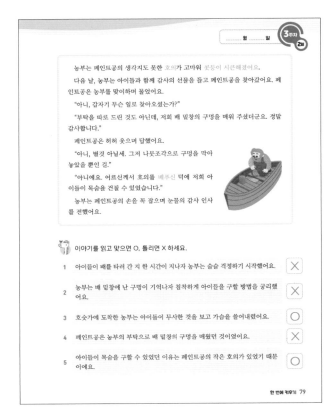

이야기를 읽고 맞으면 O, 틀리면 X 하세요.

1. 아이들이 배를 타러 간 지 한 시간이 지나자 농부는 슬슬 걱정하기 시작했어요. [X]

2. 농부는 배 밑창에 난 구멍이 기억나자 침착하게 아이들을 구할 방법을 궁리했어요. [X]

3. 호숫가에 도착한 농부는 아이들이 무사한 것을 보고 가슴을 쓸어내렸어요. [O]

4. 페인트공은 농부의 부탁으로 배 밑창의 구멍을 메웠던 것이었어요. [X]

5. 아이들이 목숨을 구할 수 있었던 이유는 페인트공의 작은 호의가 있었기 때문이에요. [O]

한 번에 키우기 79

농부가 깜짝 놀라 호숫가로 뛰어간 이유가 뭐예요?

(예시) 배 밑창에 난 구멍이 생각나서, 아이들이 물에 빠졌을까 봐

아이들은 어떻게 해서 안전하게 뱃놀이를 할 수 있었어요?
① 얕은 물에서 놀아서
② 아버지가 달려와 도와줘서
③ 페인트공이 예전에 배를 고쳐줘서
④ 배를 타지 않고 호수 주변에서 놀아서

이 이야기의 주제에 대해서 바르게 말한 사람은 누구일까요? (지민)

- 냥냥: 부모님 말씀을 안 듣고 억지를 부리면 위험에 처할 수 있어.
- 뭉치: 해야 할 일을 미루고 하지 않으면 다른 사람한테 피해 주는 거야.
- 지민: 말하지 않아도 상대방을 배려한 페인트공의 마음에 감동 받았어.

추측한 어휘 확인하기 〈어휘력 키우기〉

다음 단어의 뜻과 비슷한 것에 체크하세요.

1. 몰두하느라
   [V] 집중하느라 　　[ ] 모아서 하느라

2. 기겁하며
   [ ] 기절하며 　　[V] 깜짝 놀라며

3. 가슴을 쓸어내렸어요
   [V] 다행이라고 생각하며 안심했어요 　　[ ] 가슴이 철렁 내려앉았어요

4. 호의
   [V] 친절한 마음 　　[ ] 싫어하는 마음

5. 콧등이 시큰해졌어요
   [V] 감동을 받아 눈물이 나려고 했어요 　　[ ] 콧등이 시원해졌어요

80

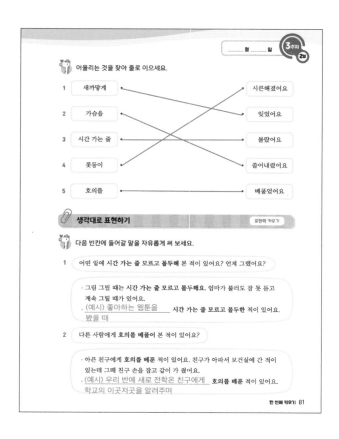

어울리는 것을 찾아 줄로 이으세요.

1 새까맣게 — 시큰해졌어요
2 가슴을 — 잊었어요
3 시간 가는 줄 — 몰랐어요
4 콧등이 — 쓸어내렸어요
5 호의를 — 베풀었어요

생각대로 표현하기 | 표현력 키우기

다음 빈칸에 들어갈 말을 자유롭게 써 보세요.

1 어떤 일에 시간 가는 줄 모르고 몰두해 본 적이 있어요? 언제 그랬어요?

· 그림 그릴 때는 시간 가는 줄 모르고 몰두해요. 엄마가 불러도 잘 못 듣고 계속 그릴 때가 있어요.
· (예시) 좋아하는 웹툰을 (시간 가는 줄 모르고 몰두한 적이 있어요.) 봤을 때

2 다른 사람에게 호의를 베풀어 본 적이 있어요?

· 아픈 친구에게 호의를 베푼 적이 있어요. 친구가 아파서 보건실에 간 적이 있는데 그때 친구 손을 잡고 같이 가 줬어요.
· (예시) 우리 반에 새로 전학온 친구에게 (호의를 베푼 적이 있어요.) 학교의 이곳저곳을 알려주며

한 번에 키우기 81

2일차 어휘 정리하기

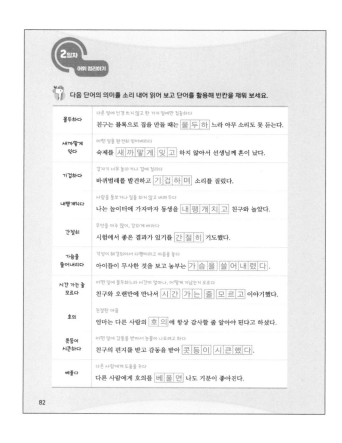

다음 단어의 의미를 소리 내어 읽어 보고 단어를 활용해 빈칸을 채워 보세요.

단어	의미	활용
몰두하다	다른 일에 신경 쓰지 않고 한 가지 일에만 집중하다	친구는 블록으로 집을 만들 때는 몰 두 하 느라 아무 소리도 못 듣는다.
새까맣게 잊다	어떤 일을 완전히 잊어버리다	숙제를 새 까 맣 게 잊 고 하지 않아서 선생님께 혼이 났다.
기겁하다	갑자기 너무 놀라거나 겁에 질리다	바퀴벌레를 발견하고 기 겁 하 며 소리를 질렀다.
내팽개치다	사람을 돌보거나 일을 하지 않고 버려 두다	나는 놀이터에 가자마자 동생을 내 팽 개 치 고 친구와 놀았다.
간절히	무엇을 아주 많이, 강하게 바라다	시험에서 좋은 결과가 있기를 간 절 히 기도했다.
가슴을 쓸어내리다	걱정이 해결되어서 다행이라고 마음을 놓다	아이들이 무사한 것을 보고 농부는 가 슴 을 쓸 어내렸다.
시간 가는 줄 모르다	어떤 일에 몰두하느라 시간이 얼마나, 어떻게 지났는지 모르다	친구와 오랜만에 만나서 시 간 가 는 줄 모 르 고 이야기했다.
호의	친절한 마음	엄마는 다른 사람의 호 의 에 항상 감사할 줄 알아야 된다고 하셨다.
콧등이 시큰하다	어떤 일에 감동을 받아서 눈물이 나오려고 하다	친구의 편지를 받고 감동을 받아 콧 등 이 시 큰 했다.
베풀다	다른 사람에게 도움을 주다	다른 사람에게 호의를 베 풀 면 나도 기분이 좋아진다.

82

3주차 3일 보이지 않는 재산 | 첫 번째 이야기

생각하며 준비하기 | 사고력 키우기

'재산'이란 무엇일까요?
다음 그림에서 재산이라고 생각되는 것을 골라 보고 그 이유를 써 보세요.

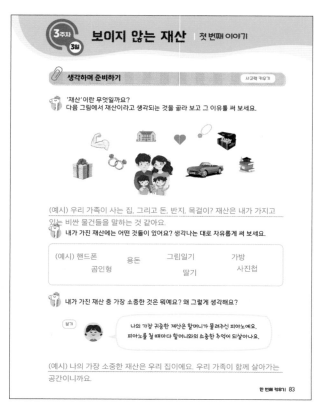

(예시) 우리 가족이 사는 집, 그리고 돈, 반지, 목걸이? 재산은 내가 가지고 있는 비싼 물건들을 말하는 것 같아요.

내가 가진 재산에는 어떤 것들이 있어요? 생각나는 대로 자유롭게 써 보세요.

(예시) 핸드폰   용돈   그림일기   가방
       곰인형   딸기   사진첩

내가 가진 재산 중 가장 소중한 것은 뭐예요? 왜 그렇게 생각해요?

[보기] 나의 가장 귀중한 재산은 할머니가 물려주신 피아노예요. 피아노를 칠 때마다 할머니와의 소중한 추억이 되살아나요.

(예시) 나의 가장 소중한 재산은 우리 집이에요. 우리 가족이 함께 살아가는 공간이니까요.

한 번에 키우기 83

"나에게는 당신들과 비교도 되지 않을 만큼 귀중한 재산이 있네."
랍비의 말에 부자들은 관심을 가지기 시작했어요.
"슬겨둔 보석이라도 있나요? 어떤 거죠?"
"그 정도로 귀중한 보석이라면 내게 파시오. 돈을 많이 쳐주겠소."
부자들은 너 나 할 것 없이 귀중한 재산을 보여 달라 아우성쳤어요.
"미안하지만 나의 재산은 눈에 보이지 않네. 그래서 보여줄 수가 없구려."
랍비의 말에 부자들은 콧방귀를 뀌며 말했어요.
"그럼 그렇지. 가진 것도 없는 주제에 입만 살아서 떠들기는."
실망한 부자들은 각자의 자리로 돌아갔어요.
그리고 그들의 평화로운 배 여행은 계속되었어요. 하지만 그 평화는 오래가지 못했어요.

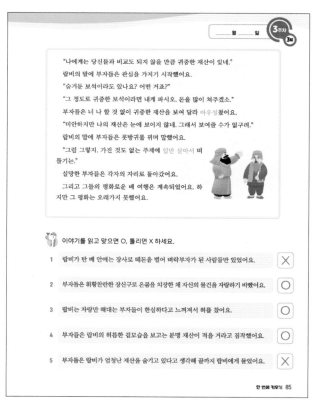

이야기를 읽고 맞으면 O, 틀리면 X 하세요.

1 랍비가 탄 배 안에는 장사로 떼돈을 벌어 벼락부자가 된 사람들만 있었어요. [X]
2 부자들은 휘황찬란한 장신구로 온몸을 치장한 채 자신의 물건을 자랑하기 바빴어요. [O]
3 랍비는 자랑만 해대는 부자들이 한심하다고 느껴져서 혀를 찼어요. [O]
4 부자들은 랍비의 허름한 겉모습을 보고 분명 재산이 적을 거라고 짐작했어요. [O]
5 부자들은 랍비가 엄청난 재산을 숨기고 있다고 생각해 끝까지 랍비에게 물었어요. [X]

한 번에 키우기 85

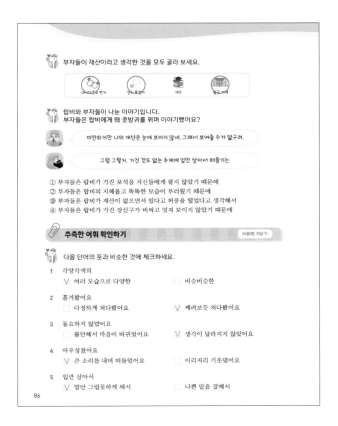

부자들이 재산이라고 생각한 것을 모두 골라 보세요.

랍비와 부자들이 나눈 이야기입니다.
부자들은 랍비에게 왜 콧방귀를 뀌며 이야기했어요?

> 미안하지만 나의 재산은 눈에 보이지 않네. 그래서 보여줄 수가 없구려.

> 그럼 그렇지. 가진 것도 없는 주제에 입만 살아서 떠들기는.

① 부자들은 랍비가 가진 보석을 자신들에게 팔지 않았기 때문에
② 부자들은 랍비의 지혜롭고 똑똑한 모습이 부러웠기 때문에
③ 부자들은 랍비가 재산이 없으면서 있다고 허풍을 떨었다고 생각해서
④ 부자들은 랍비가 가진 장신구가 비싸고 멋져 보이지 않았기 때문에

추측한 어휘 확인하기 어휘력 키우기

다음 단어의 뜻과 비슷한 것에 체크하세요.

1 각양각색의
   ☑ 여러 모습으로 다양한 　　□ 비슷비슷한

2 흘겨봤어요
   □ 다정하게 쳐다봤어요 　　☑ 째려보듯 쳐다봤어요

3 동요하지 않았어요
   □ 불안해서 마음이 바뀌었어요 　　☑ 생각이 달라지지 않았어요

4 아우성쳤어요
   ☑ 큰 소리를 내며 떠들었어요 　　□ 이리저리 기웃댔어요

5 입만 살아서
   ☑ 말만 그럴듯하게 해서 　　□ 나쁜 말을 잘해서

86

어울리는 것을 찾아 줄로 이으세요.

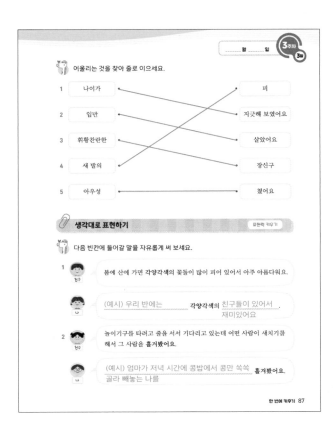

1 나이가
2 입만
3 휘황찬란한
4 새 발의
5 아우성

　　　 피
　　　 지긋해 보였어요
　　　 살았어요
　　　 장신구
　　　 쳤어요

생각대로 표현하기 표현력 키우기

다음 빈칸에 들어갈 말을 자유롭게 써 보세요.

1 (친구) 봄에 산에 가면 각양각색의 꽃들이 많이 피어 있어서 아주 아름다워요.

(예시) 우리 반에는 __각양각색의__ 친구들이 있어서 __재미있어요__

2 (친구) 놀이기구를 타려고 줄을 서서 기다리고 있는데 어떤 사람이 새치기를 해서 그 사람을 흘겨봤어요.

(예시) 엄마가 저녁 시간에 콩밥에서 콩만 쏙쏙 __흘겨봤어요__ 골라 빼놓는 나를

한 번에 키우기 87

3일차 어휘 정리하기

다음 단어의 의미를 소리 내어 읽어 보고 단어를 활용해 빈칸을 채워 보세요.

각양각색	여러 가지 모양과 색깔
	어제 간 식당에는 각양각색의 맛있는 음식들이 많이 있었다.
휘황찬란하다	눈이 부시게 번쩍번쩍 빛나다
	휘황찬란한 옷을 입고 파티에 갔다.
으뜸	여럿 가운데 가장 훌륭하거나 첫 번째가 되는 것
	지수의 노래 실력은 우리 학교에서 으뜸이다.
새 발의 피	아주 중요하지 않은 일이나 양이 매우 적음을 뜻하는 말
	네가 가지고 있는 건 내 것에 비하면 새 발의 피야.
지긋하다	나이가 꽤 많이 들어 비슷하다
	나이가 지긋한 우리 반 선생님은 학생들에게 좋은 말씀을 많이 해주신다.
흘겨보다	눈동자를 옆으로 굴려 매서롭게 노려보듯 보다
	친구가 마음에 안 든다는 듯이 나를 흘겨봤다.
허름하다	낡다
	부자들은 허름한 옷을 입은 랍비를 무시했다.
동요하다	마음이나 생각이 자꾸 달라지다
	랍비는 부자들이 아무리 비웃고 비아냥거려도 동요하지 않았다.
아우성	여럿이 외쳐 대며 떠드는 소리
	불이 나는 바람에 사람들이 한꺼번에 밖으로 나오려고 아우성이었다.
입만 살다	실천은 하지 않고 말만 잘하다
	입만 살아서 지키지도 못할 약속만 한다.

88

3주차 4일 보이지 않는 재산 | 두 번째 이야기

생각하며 준비하기 사고력 키우기

지난 이야기에서 읽은 내용을 아래 말을 사용해서 써 보세요.

눈	귀중한	보이지 않는
재산	랍비	떠들기는	부자들
콧방귀를 뀌며		입만 살아서

랍비는 "나에게는 눈에 보이지 않는
귀중한 재산이 있다오." 라고 말했어요.
하지만 부자들은 콧방귀를 뀌며 랍비
에게 "입만 살아서 떠들기는." 이라고 말했어요.

다음은 지난 이야기의 마지막 부분이에요.
과연 그들에게 무슨 일이 생긴 걸까요? 생각을 자유롭게 써 보세요.

> 그들의 평화로운 배 여행은 계속되었어요. 하지만 그 평화는 오래가지 못했어요.

(예시) 서로 보석을 자랑하기 바빴던 부자들 사이에 큰 싸움이 일어났을 것 같아요.

한 번에 키우기 89

한 번에 키우기 145

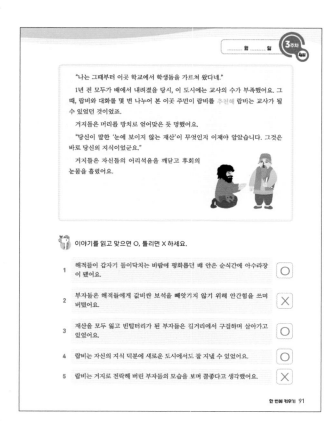

"나는 그때부터 이곳 학교에서 학생들을 가르쳐 왔다네."

1년 전 모두가 배에서 내려졌을 당시, 이 도시에는 교사의 수가 부족했어요. 그때, 랍비와 대화를 몇 번 나누어 본 이곳 주민이 랍비를 추천해 랍비는 교사가 될 수 있었던 것이었죠.

거지들은 머리를 망치로 얻어맞은 듯 멍했어요.

"당신이 말한 '눈에 보이지 않는 재산'이 무엇인지 이제야 알았습니다. 그것은 바로 당신의 지식이었군요."

거지들은 자신들의 어리석음을 깨닫고 후회의 눈물을 흘렸어요.

이야기를 읽고 맞으면 O, 틀리면 X 하세요.

1 해적들이 갑자기 들이닥치는 바람에 평화롭던 배 안은 순식간에 아수라장이 됐어요. **O**

2 부자들은 해적들에게 값비싼 보석을 빼앗기지 않기 위해 안간힘을 쓰며 버텼어요. **X**

3 재산을 모두 잃고 빈털터리가 된 부자들은 길거리에서 구걸하며 살아가고 있었어요. **O**

4 랍비는 자신의 지식 덕분에 새로운 도시에서도 잘 지낼 수 있었어요. **O**

5 랍비는 거지로 전락해 버린 부자들의 모습을 보며 꼴좋다고 생각했어요. **X**

한 번에 키우기 91

1년 후 부자와 랍비는 어떻게 되었어요? 알맞은 곳에 줄을 이으세요.

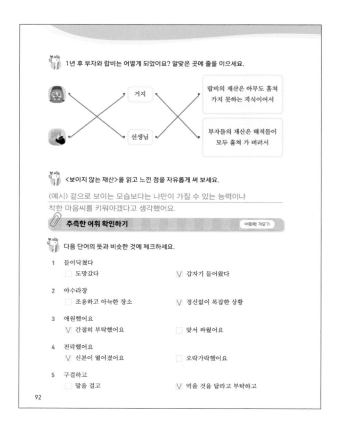

거지 ——— 랍비의 재산은 아무도 훔쳐 가지 못하는 지식이어서

선생님 ——— 부자들의 재산은 해적들이 모두 훔쳐 가 버려서

<보이지 않는 재산>을 읽고 느낀 점을 자유롭게 써 보세요.

(예시) 겉으로 보이는 모습보다는 나만이 가질 수 있는 능력이나 착한 마음씨를 키워야겠다고 생각했어요.

추측한 어휘 확인하기 어휘력 키우기

다음 단어의 뜻과 비슷한 것에 체크하세요.

1 들이닥쳤다
   ☐ 도망갔다   ☑ 갑자기 들어왔다

2 아수라장
   ☐ 조용하고 아늑한 장소   ☑ 정신없이 복잡한 상황

3 애원했어요
   ☑ 간절히 부탁했어요   ☐ 맞서 싸웠어요

4 전락했어요
   ☑ 신분이 떨어졌어요   ☐ 오락가락했어요

5 구걸하고
   ☐ 말을 걸고   ☑ 먹을 것을 달라고 부탁하고

어울리는 것을 찾아 줄로 이으세요.

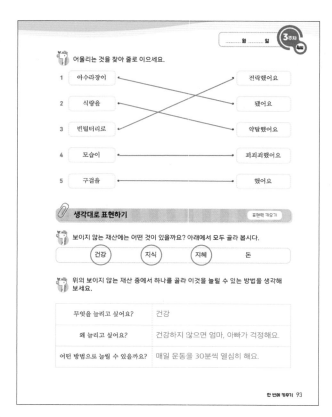

1 아수라장이   전락했어요
2 식량을   됐어요
3 빈털터리로   약탈했어요
4 모습이   꾀죄죄했어요
5 구걸을   했어요

생각대로 표현하기 표현력 키우기

보이지 않는 재산에는 어떤 것이 있을까요? 아래에서 모두 골라 봅시다.

| 건강 | 지식 | 지혜 | 돈 |

위의 보이지 않는 재산 중에서 하나를 골라 이것을 늘릴 수 있는 방법을 생각해 보세요.

무엇을 늘리고 싶어요?	건강
왜 늘리고 싶어요?	건강하지 않으면 엄마, 아빠가 걱정해요.
어떤 방법으로 늘릴 수 있을까요?	매일 운동을 30분씩 열심히 해요.

한 번에 키우기 93

4일차 어휘 정리하기

다음 단어의 의미를 소리 내어 읽어 보고 단어를 활용해 빈칸을 채워 보세요.

들이닥치다	갑자기 마구 들어오다 은행에 갑자기 강도가 들이닥쳐서 손님과 직원들이 깜짝 놀랐다.
아수라장	싸움이 일어나 여러 사람들이 몰려들어 복잡해진 상황이나 장소 쇼핑몰에 불이 나서 순식간에 아수라장이 되었다.
점령하다	힘으로 어떤 장소를 빼앗다 적군이 순식간에 수도를 점령해서 그곳에 살던 사람들이 도망쳤다.
애원하다	소원을 들어 달라고 간절히 부탁하다 큰 잘못을 저지른 친구가 용서해 달라고 애원했다.
약탈하다	폭력이나 힘을 사용해서 남의 것을 빼앗다 해적들은 힘을 배에 들이닥쳐 부자들의 보석을 모두 다 약탈했다.
빈털터리	재산을 다 잃어 아무것도 가진 것이 없는 사람 사업에서 실패한 그는 이제 빈털터리가 되었다.
전락하다	상태나 신분이 나빠지다 우등생이었던 친구가 중학생이 되면서 문제 학생으로 전락했다.
구걸하다	남에게 돈이나 물건, 먹을 것을 공짜로 그냥 달라고 하다 사람들은 길에서 구걸하는 사람을 못 본 척하고 지나갔다.
꾀죄죄하다	모습이 지저분하고 초라하다 며칠 제대로 씻지도 못했으니까 꾀죄죄할 수밖에 없다.
추천하다	어떤 것을 책임지고 소개하다 민수가 추천해 준 책은 몹시 재미있었다.

어휘 연습하기

배에 난 작은 구멍 | 첫 번째 이야기
다음 빈칸에 들어갈 말을 골라 알맞게 고쳐 쓰세요.

| 미적거리다 | 대수롭다 | 차일피일 | 억지를 부리다 |

1 하기 싫은 일은 자꾸 차 일 피 일 미루게 된다.

2 학교 갈 준비를 빨리 안 하고 미 적 거 려 서 엄마한테 결국 혼났다.

3 동생이 장난감을 사 달라고 억 지 를 부 려 서 난감했다.

4 다른 사람의 기분을 대 수 롭 지 않게 생각하고 함부로 말하면 안 된다.

배에 난 작은 구멍 | 두 번째 이야기
다음 빈칸에 들어갈 말을 골라 알맞게 고쳐 쓰세요.

| 몰두하다 | 기겁하다 | 내팽개치다 | 베풀다 |

1 내 동생은 좋아하던 장난감을 내 팽 개 치 고 새 장난감을 가지고 놀았다.

2 나는 책을 읽을 때는 누가 불러도 모를 정도로 책 읽기에 몰 두 한 다 .

3 교실에 바퀴벌레가 나타나서 친구들이 모두 기 겁 하 며 소리를 질렀다.

4 호의를 베 풀 어 주셔서 감사합니다.

96

보이지 않는 재산 | 첫 번째 이야기
다음 빈칸에 들어갈 말을 골라 알맞게 고쳐 쓰세요.

| 각양각색 | 흘겨보다 | 허름하다 | 동요하다 |

1 그 식당은 허 름 하 지 만 음식 맛은 아주 훌륭하다.

2 큰불이 났지만 사람들은 동 요 하 지 않고 차례차례 대피했다.

3 지하철에서 큰 소리로 떠드는 사람들을 흘 겨 봤 다 .

4 봄에 공원에 가면 각 양 각 색 의 꽃들이 피어 있다.

보이지 않는 재산 | 두 번째 이야기
다음 빈칸에 들어갈 말을 골라 알맞게 고쳐 쓰세요.

| 아수라장 | 들이닥치다 | 전락하다 | 꾀죄죄하다 |

1 갑자기 소나기가 내려서 내 방 창문으로 빗물이 들 이 닥 쳤 다 .

2 가수를 보려고 사람들이 몰려드는 바람에 주변이 아 수 라 장 이 됐다.

3 며칠 동안 제대로 씻지 못하면 꾀 죄 죄 할 수밖에 없다.

4 팀에서 최고 선수였던 친구는 연습을 게을리해서 후보 선수로 전 락 했 다 말았다.

맥락 파악하기

배에 난 작은 구멍
이야기를 순서에 맞게 나열해 보세요.

1 다행히 아이들은 무사했어요.

2 봄이 되어 호수에서 배를 타게 해 달라고 아이들이 조르자 농부는 허락해 주었어요.

3 농부는 아이들이 배를 타러 간 한참 후에야 배에 난 구멍을 떠올리고 깜짝 놀라 호수로 달려갔어요.

4 배를 끌어올리다가 배에 작은 구멍이 생겼지만 농부는 수리를 미뤘어요.

5 농부를 찾아온 페인트공은 구멍 난 배에 말끔하게 페인트 칠을 해주고 돌아갔어요.

6 배에 난 구멍을 페인트공이 메워 준 사실을 알게 된 농부는 페인트공의 호의에 감사했어요.

(4)-(5)-(2)-(3)-(1)-(6)

보이지 않는 재산
이야기를 순서에 맞게 나열해 보세요.

1 허름한 랍비를 보고 비웃는 부자들에게 랍비는 자신에게는 눈에 보이지 않는 재산이 있다고 했어요.

2 그러던 어느 날 갑자기 해적이 배에 들이닥쳤어요.

3 랍비는 보이는 재산에 신경 쓰는 것은 한심한 일이라고 말했지만 부자들은 허름한 랍비를 보고 비아냥댔어요.

4 해적들은 부자들의 보석과 돈을 모두 빼앗아 갔고 부자들은 빈털터리가 됐어요.

5 랍비가 탄 배에서 벼락부자가 된 사람들은 서로 자신의 재산을 뽐내고 있었어요.

6 1년 후 부자들은 거지가 되어 구걸하며 지내게 되었고 지식을 가진 랍비는 교사가 되어 지내고 있었어요.

(5)-(3)-(1)-(2)-(4)-(6)

98

중심 내용 떠올리기

<배에 난 작은 구멍>, <보이지 않는 재산> 각 이야기에서 가장 기억에 남는 인물을 골라 그려 보세요. 그리고 그 인물의 특징과 인물을 보고 느낀 점을 써 보세요.

배에 난 작은 구멍

<인물 그림>

(예시) 다른 사람을 배려하는 마음이 가득하다.

<인물 특징>

(예시) 나도 평소에 남을 위한 말과 행동을 해야겠다고 생각했다.

<인물을 보고 느낀 점>

보이지 않는 재산

<인물 그림>

(예시) 겉모습은 초라하지만 누구보다 깊은 지식을 가지고 있다.

<인물 특징>

(예시) 겉으로 보이는 모습이 다가 아니다. 나도 지혜로운 사람이 되어야지.

<인물을 보고 느낀 점>

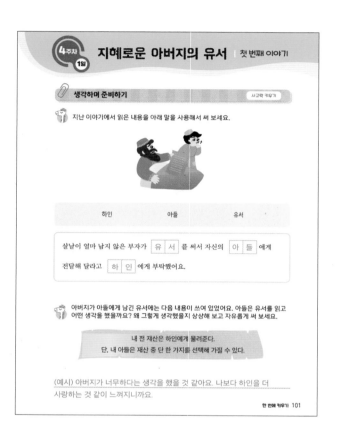

4주차 1일 지혜로운 아버지의 유서 | 첫 번째 이야기

생각하며 준비하기   사고력 키우기

지난 이야기에서 읽은 내용을 아래 말을 사용해서 써 보세요.

하인	아들	유서

살날이 얼마 남지 않은 부자가 유 서 를 써서 자신의 아 들 에게

전달해 달라고 하 인 에게 부탁했어요.

아버지가 아들에게 남긴 유서에는 다음 내용이 쓰여 있었어요. 아들은 유서를 읽고 어떤 생각을 했을까요? 왜 그렇게 생각했을지 상상해 보고 자유롭게 써 보세요.

> 내 전 재산은 하인에게 물려준다.
> 단, 내 아들은 재산 중 단 한 가지를 선택해 가질 수 있다.

(예시) 아버지가 너무하다는 생각을 했을 것 같아요. 나보다 하인을 더
사랑하는 것 같이 느껴지니까요.

한 번에 키우기 101

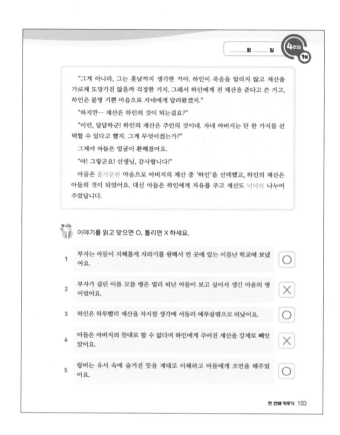

_____월 _____일   **4주차 1일**

"그게 아니라, 그는 훗날까지 생각한 거야. 하인이 죽음을 알리지 않고 재산을 가로채 도망가진 않을까 걱정한 거지. 그래서 하인에게 전 재산을 준다고 쓴 거고, 하인은 분명 기쁜 마음으로 자네에게 달려왔겠지."

"하지만… 재산은 하인의 것이 되는걸요?"

"이런, 답답하군! 하인의 재산은 주인의 것이네. 자네 아버지는 단 한 가지를 선택할 수 있다고 했지. 그게 무엇이겠는가?"

그제야 아들은 얼굴이 환해졌어요.

"아! 그렇군요! 선생님, 감사합니다!"

아들은 홀가분한 마음으로 아버지의 재산 중 '하인'을 선택했고, 하인의 재산은 아들의 것이 되었어요. 대신 아들은 하인에게 자유를 주고 재산도 넉넉히 나누어 주었답니다.

이야기를 읽고 맞으면 O, 틀리면 X 하세요.

1	부자는 아들이 지혜롭게 자라기를 원해서 먼 곳에 있는 이름난 학교에 보냈어요.	O
2	부자가 걸린 이름 모를 병은 멀리 떠난 아들이 보고 싶어서 생긴 마음의 병이었어요.	X
3	하인은 하루빨리 재산을 차지할 생각에 서둘러 예루살렘으로 떠났어요.	O
4	아들은 아버지의 뜻대로 할 수 없다며 하인에게 주어진 재산을 강제로 빼앗았어요.	X
5	랍비는 유서 속에 숨겨진 뜻을 제대로 이해하고 아들에게 조언을 해주었어요.	O

한 번에 키우기 103

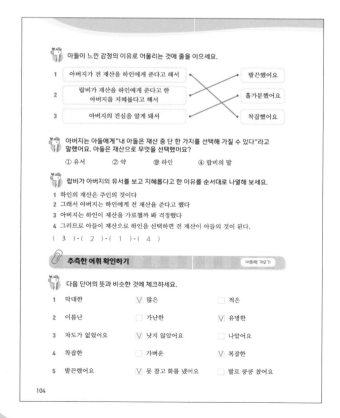

아들이 느낀 감정의 이유로 어울리는 것에 줄을 이으세요.

1	아버지가 전 재산을 하인에게 준다고 해서	발끈했어요
2	랍비가 재산을 하인에게 준다고 한 아버지를 지혜롭다고 해서	홀가분했어요
3	아버지의 진심을 알게 돼서	착잡했어요

아버지는 아들에게 "내 아들은 재산 중 단 한 가지를 선택해 가질 수 있다"라고 말했어요. 아들은 재산으로 무엇을 선택했어요?

① 유서   ② 약   ③ 하인   ④ 랍비의 말

랍비가 아버지의 유서를 보고 지혜롭다고 한 이유를 순서대로 나열해 보세요.

1 하인의 재산은 주인의 것이다
2 그래서 아버지는 하인에게 전 재산을 준다고 했다
3 아버지는 하인이 재산을 가로챌까 봐 걱정했다
4 그러므로 아들이 재산으로 하인을 선택하면 전 재산이 아들의 것이 된다

(3)-(2)-(1)-(4)

추측한 어휘 확인하기   어휘력 키우기

다음 단어의 뜻과 비슷한 것에 체크하세요.

1	막대한	✓ 많은	☐ 적은
2	이름난	☐ 가난한	✓ 유명한
3	차도가 없었어요	✓ 낫지 않았어요	☐ 나았어요
4	착잡한	☐ 가벼운	✓ 복잡한
5	발끈했어요	✓ 못 참고 화를 냈어요	☐ 발로 쿵쿵 찼어요

104

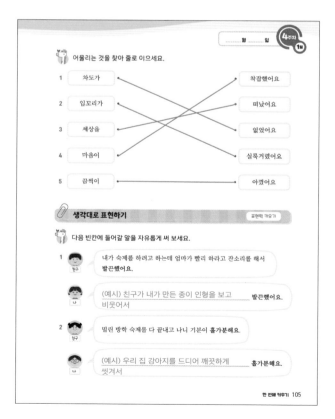

_____월 _____일   **4주차 1일**

어울리는 것을 찾아 줄로 이으세요.

1	차도가	착잡했어요
2	입꼬리가	떠났어요
3	세상을	잃었어요
4	마음이	실룩거렸어요
5	끔찍이	아꼈어요

생각대로 표현하기   표현력 키우기

다음 빈칸에 들어갈 말을 자유롭게 써 보세요.

1 (친구) 내가 숙제를 하려고 하는데 엄마가 빨리 하라고 잔소리를 해서 발끈했어요.

(나) (예시) 친구가 내가 만든 종이 인형을 보고 비웃어서 발끈했어요.

2 (친구) 밀린 방학 숙제를 다 끝내고 나니 기분이 홀가분해요.

(나) (예시) 우리 집 강아지를 드디어 깨끗하게 씻겨서 홀가분해요.

한 번에 키우기 105

어휘 정리이기

다음 단어의 의미를 소리 내어 읽어 보고 단어를 활용해 빈칸을 채워 보세요.

막대하다	매우 많거나 크다 이번 홍수로 인해 재산 피해가 막 대 했 다.
이름나다	세상에 이름이 널리 알려지다 그는 전세계적으로 이 름 난 가수다.
차도	병이 조금씩 나아지는 정도 지아의 병은 차 도 를 보이지 않고 점점 나빠졌다.
실룩거리다	근육의 한 부분이 자꾸 한쪽으로 움직이다 승호는 계속 입꼬리를 실 룩 거 리 면서 투덜거렸다.
세상을 떠나다	죽음을 부드럽게 표현하는 말 우리 강아지는 3년 전에 세 상 을 떠 났 다.
착잡하다	마음이 복잡하고 어지럽다 할머니가 편찮으셔서 내 마음이 착 잡 하 다.
끔찍이	매우 크고 대단하게 우리 할아버지는 나를 끔 찍 이 예뻐해 주셨다.
발끈하다	참지 못하고 갑자기 화를 내다 내 그림을 보고 친구가 못 그렸다고 해서 발 끈 했 다.
홀가분하다	신경 쓰이는 일이 없어지고 가볍고 편안하다 시험이 다 끝난 다음에 홀 가 분 한 마음으로 여행을 떠났다.
넉넉히	부족하지 않고 충분하게 친구와 나눠 먹으려고 간식을 넉 넉 히 준비했다.

106

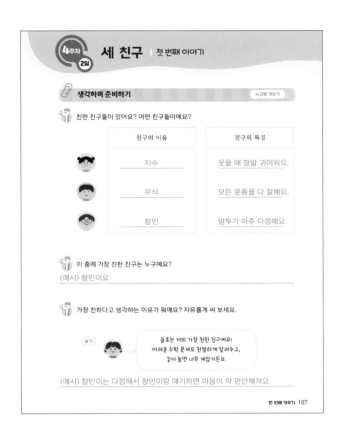

세 친구 | 첫 번째 이야기

생각하며 준비하기 사고력 키우기

친한 친구들이 있어요? 어떤 친구들이에요?

친구의 이름	친구의 특징
지수	웃을 때 정말 귀여워요.
우식	모든 운동을 다 잘해요.
창민	말투가 아주 다정해요.

이 중에 가장 친한 친구는 누구예요?
(예시) 창민이요.

가장 친하다고 생각하는 이유가 뭐예요? 자유롭게 써 보세요.

보기 : 율호는 거의 가장 친한 친구예요! 어려운 수학 문제도 친절하게 알려주고, 같이 놀면 너무 재밌거든요.

(예시) 창민이는 다정해서 창민이랑 얘기하면 마음이 막 편안해져요.

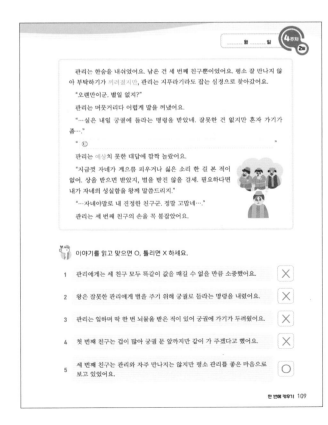

관리는 한숨을 내쉬었어요. 남은 건 세 번째 친구뿐이었어요. 평소 잘 만나지 않아 부탁하기가 어려웠지만, 관리는 지푸라기라도 잡는 심정으로 찾아갔어요.

"오랜만이군. 별일 없지?"

관리는 머뭇거리다 어렵게 말을 꺼냈어요.

"…실은 내일 궁궐에 들라는 명령을 받았네. 잘못한 건 없지만 혼자 가기가 좀…."

" ⓒ   "

관리는 예상치 못한 대답에 깜짝 놀랐어요.

"지금껏 자네가 게으름 피우거나 싫은 소리 한 길 본 적이 없어. 상을 받으면 받았지, 벌을 받진 않을 걸세. 필요하다면 내가 자네의 성실함을 왕께 말씀드리지."

"…자네야말로 내 진정한 친구군. 정말 고맙네…."

관리는 세 번째 친구의 손을 꼭 붙잡았어요.

이야기를 읽고 맞으면 O, 틀리면 X 하세요.

1 관리에게는 세 친구 모두 똑같이 값을 매길 수 없을 만큼 소중했어요. ☒

2 왕은 잘못한 관리에게 벌을 주기 위해 궁궐로 들라는 명령을 내렸어요. ☒

3 관리는 일하며 딱 한 번 뇌물을 받은 적이 있어 궁궐에 가기가 두려웠어요. ☒

4 첫 번째 친구는 겁이 많아 궁궐 문 앞까지만 같이 가 주겠다고 했어요. ☒

5 세 번째 친구는 관리와 자주 만나지는 않지만 평소 관리를 좋은 마음으로 보고 있었어요. ◯

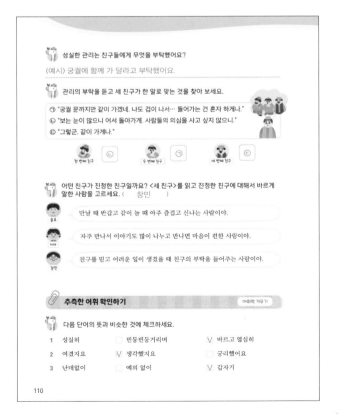

성실한 관리는 친구들에게 무엇을 부탁했어요?

(예시) 궁궐에 함께 가 달라고 부탁했어요.

관리의 부탁을 듣고 세 친구가 한 말로 맞는 것을 찾아 보세요.

㉠ "궁궐 문까지만 같이 가겠네. 나도 겁이 나서… 들어가는 건 혼자 하게나."
㉡ "보는 눈이 많으니 어서 돌아가게. 사람들의 의심을 사고 싶지 않으니."
㉢ "그렇군. 같이 가세나."

첫 번째 친구 ㉡   두 번째 친구 ㉠   세 번째 친구 ㉢

어떤 친구가 진정한 친구일까요? <세 친구>를 읽고 진정한 친구에 대해서 바르게 말한 사람을 고르세요. (창민)

율호 : 만날 때 반갑고 같이 놀 때 아주 즐겁고 신나는 사람이야.

지아 : 자주 만나서 이야기도 많이 나누고 만나면 마음이 편한 사람이야.

창민 : 친구를 믿고 어려운 일이 생겼을 때 친구의 부탁을 들어주는 사람이야.

추측한 어휘 확인하기 어휘력 키우기

다음 단어의 뜻과 비슷한 것에 체크하세요.

1 성실히 □ 빈둥빈둥거리며   ☑ 바르고 열심히

2 여겼지요 ☑ 생각했지요   □ 궁리했어요

3 난데없이 □ 예의 없이   ☑ 갑자기

110

4 상심했어요 ☑ 마음이 아팠어요 ☐ 고생했어요
5 꺼려졌지만 ☑ 불편해서 마음에 걸렸지만 ☐ 기분 좋게 할 수 있었지만

어울리는 것을 찾아 줄로 이으세요.

1 싸늘하게 ——— 믿었어요
2 단호하게 ——— 표정이 굳었어요
3 철석같이 ——— 대답을 했어요
4 예상치 못한 ——— 거절했어요
5 부탁하기가 ——— 꺼려졌어요

생각대로 표현하기   표현력 키우기

다음 빈칸에 들어갈 말을 자유롭게 써 보세요.

1 내가 무슨 부탁을 할 때 엄마가 **단호하게** 안 된다고 하세요?

> · 게임하고 나서 숙제하면 안 되냐고 할 때 **단호하게** 안 된다고 하세요.
> · (예시) 아침, 점심, 저녁으로 치킨을 시켜 먹고 싶다고 하면 **단호하게** 안 된다고 하세요.

2 상심한 적이 있었어요? 언제, 무슨 일로 그런 느낌을 받았어요?

> · 바닷가에 가서 놀기로 했는데 태풍 때문에 못 가서 상심한 적이 있어요.
> · (예시) 친구네 집에서 하루 자고 오기로 했는데 엄마가 못 하게 해서 **상심한** 적이 있어요.

다음 단어의 의미를 소리 내어 읽어 보고 단어를 활용해 빈칸을 채워 보세요.

성실히	태도나 행동이 바르고 진실되게
	선생님은 성실히 공부하는 학생을 좋아하신다.
여기다	마음속으로 어떻게 생각하다
	나는 민석이를 가장 친한 친구로 여긴다.
난데없이	갑작스럽게
	구름 한 점 없는 하늘에 난데없이 번개와 천둥이 치기 시작했다.
뇌물	다른 사람에게 나를 잘 봐달라고 부탁하며 주는 부정한 돈
	새 친구에 나오는 관리는 보석이나 돈 같은 뇌물을 받은 적이 없다.
싸늘하다	사람의 성격이나 태도가 차갑다
	나와 다툰 뒤로 친구가 나를 싸늘하게 대한다.
단호하다	결심이나 태도가 흔들림이 없이 분명하다
	나는 도와달라는 친구의 부탁을 단호하게 거절했다.
철석같이 믿다	매우 강하고 단단하게 믿다
	철석같이 믿었던 친구가 나에게 거짓말을 했다.
상심하다	슬픔이나 걱정으로 마음 아파하다
	강아지가 하늘나라로 떠나자 나는 크게 상심했다.
꺼리다	불편하거나 좋지 않은 일이라 마음에 걸리다
	양심에 꺼리는 행동은 안 하는 게 좋다.
예상하다	앞으로 있을 일이나 상황을 짐작하다
	두 팀은 실력이 비슷해서 경기에서 누가 이길지 아무도 예상할 수 없었다.

바람에 날린 깃털 | 첫 번째 이야기

생각하며 준비하기   사고력 키우기

다음 그림은 이야기의 한 장면이에요. 여인은 무엇을 잡으려 하는 걸까요?
그리고 왜 잡으려 하는 걸까요? 상상해 보고 자유롭게 써 보세요.

(예시) 깃털을 잡으려고 하는 것 같아요. 깃털을 여러 개 모아서 무언가를 만들려고 하는 게 아닐까요?

말을 함부로 한 적이 있어요? 언제, 누구에게 무슨 말을 했어요?

(예시) 친구가 어제 비밀이라면서 좋아하는 사람이 누군지 저한테만 얘기했는데 제가 그걸 다른 친구한테 말해 버렸어요.

말을 함부로 해서 어떻게 됐어요?

> 보기
> 친한 친구에게 바보 같다고 놀린 적이 있어요. 친구가 그 날 이후로 말을 걸어도 받아주지 않아요.

(예시) 친구의 비밀이 반 전체에 소문나 버려서 그 친구와 사이가 서먹해졌어요.

> "하하, 쉬운데요? 다녀올게요."
> 여인은 자신만만하게 랍비의 집을 나섰어요. 가벼운 마음으로 깃털을 하나둘 떨어뜨리며 가던 여인은 어느새 집에 도착했어요.
> 이제 몸을 돌려 왔던 길을 되돌아가려 했어요. 그런데 이게 웬일이에요? 깃털들이 바람을 타고 여기저기 흩날리는 거예요. 심지어 사람들의 발에 차여 엉망이 되기도 했어요.
> 결국 그녀가 주운 건 고작해야 열댓 개가 전부였어요.
> 랍비는 힘없이 터덜터덜 걸어오는 여인을 보며 슬며시 웃었어요.
> "선생님, 깃털이 흩날려 고작 이것밖에 못 주웠어요."
> "네, '말'이란 건 그렇게 깃털처럼 가벼운 것이랍니다. 한 번 입에서 나오면 다시 주워 담기가 무척 어렵죠."
> 랍비의 말에 여인은 그제야 자신의 잘못을 깨달았어요.

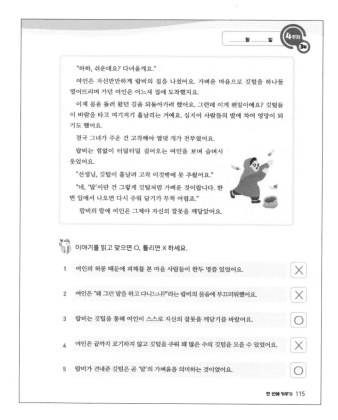

이야기를 읽고 맞으면 O, 틀리면 X 하세요.

1 여인의 허풍 때문에 피해를 본 마을 사람들이 한두 명쯤 있었어요. [X]
2 여인은 "왜 그런 말을 하고 다니느냐?"라는 랍비의 물음에 부끄러워했어요. [X]
3 랍비는 깃털을 통해 여인이 스스로 자신의 잘못을 깨닫기를 바랐어요. [O]
4 여인은 끝까지 포기하지 않고 깃털을 주워 꽤 많은 수의 깃털을 모을 수 있었어요. [X]
5 랍비가 건네준 깃털은 곧 '말'의 가벼움을 의미하는 것이었어요. [O]

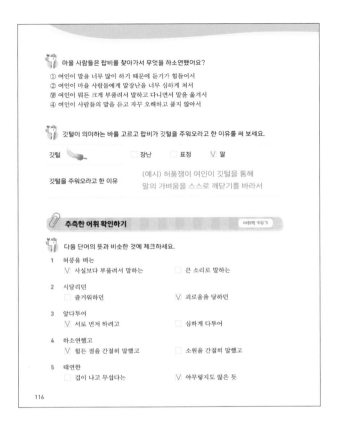

마을 사람들은 랍비를 찾아가서 무엇을 하소연했어요?

① 여인이 말을 너무 많이 하기 때문에 듣기가 힘들어서
② 여인이 마을 사람들에게 말장난을 너무 심하게 쳐서
③ 여인이 뭐든 크게 부풀려서 말하고 다니면서 말을 옮겨서
④ 여인이 사람들의 말을 듣고 자주 오해하고 풀지 않아서

깃털이 의미하는 바를 고르고 랍비가 깃털을 주워오라고 한 이유를 써 보세요.

| 깃털 | □ 장난 | □ 표정 | ☑ 말 |

| 깃털을 주워오라고 한 이유 | (예시) 허풍쟁이 여인이 깃털을 통해 말의 가벼움을 스스로 깨닫기를 바라서 |

추측한 어휘 확인하기 | 어휘력 키우기

다음 단어의 뜻과 비슷한 것에 체크하세요.

1 허풍을 떠는
　☑ 사실보다 부풀려서 말하는　　□ 큰 소리로 말하는

2 시달리던
　□ 즐거워하던　　☑ 괴로움을 당하던

3 앞다투어
　☑ 서로 먼저 하려고　　□ 심하게 다투어

4 하소연했고
　☑ 힘든 점을 간절히 말했고　　□ 소원을 간절히 말했고

5 태연한
　□ 겁이 나고 무섭다는　　☑ 아무렇지도 않은 듯

116

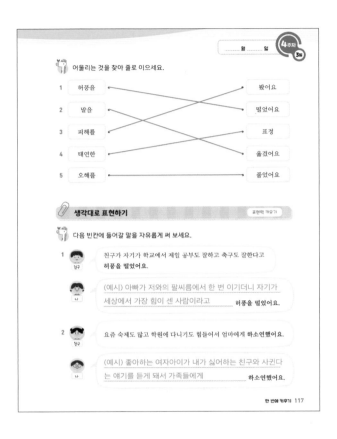

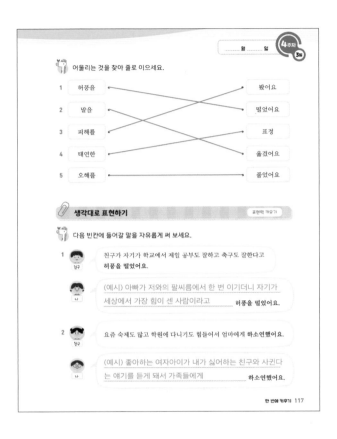

어울리는 것을 찾아 줄로 이으세요.

1	허풍을		봤어요
2	말을		떨었어요
3	피해를		표정
4	태연한		옮겼어요
5	오해를		풀었어요

생각대로 표현하기 | 표현력 키우기

다음 빈칸에 들어갈 말을 자유롭게 써 보세요.

1 친구 친구가 자기가 학교에서 제일 공부도 잘하고 축구도 잘한다고 허풍을 떨었어요.

나 (예시) 아빠가 저와의 팔씨름에서 한 번 이기더니 자기가 세상에서 가장 힘이 센 사람이라고 허풍을 떨었어요.

2 친구 요즘 숙제도 많고 학원에 다니기도 힘들어서 엄마에게 하소연했어요.

나 (예시) 좋아하는 여자아이가 내가 싫어하는 친구와 사귄다는 얘기를 듣게 돼서 가족들에게 하소연했어요.

한 번에 키우기 117

다음 단어의 의미를 소리 내어 읽어 보고 단어를 활용해 빈칸을 채워 보세요.

허풍을 떨다	실제보다 크게 부풀려 말하거나 행동하다 매일 허풍을 떠는 친구의 말을 믿을 수가 없다.
말을 옮기다	들은 말을 다른 사람에게 전달하다 내 친구는 다른 사람에게 자주 말을 옮겨서 비밀을 말할 수 없다.
헛소문	사람들 사이에 퍼진 근거 없는 말 그거 헛소문이야. 믿지 마.
시달리다	괴로움을 당하다 방학에는 숙제에 시달리지 않아도 되어서 좋다.
피해를 보다	안 좋은 일을 당하여 손해 보다 이번 여름 홍수 때문에 우리 마을은 큰 피해를 봤다.
앞다투다	남보다 잘하려고 애쓰다 아이들은 서로 좋은 자리를 맡으려고 앞다투어 달려갔다.
하소연하다	억울한 사정을 다른 사람에게 간절히 말하다 학교에서 친구들 때문에 속상했던 일에 대해 엄마에게 하소연했다.
귀담아듣다	주의하여 잘 듣다 학교에 가면 선생님 말씀을 항상 귀담아들어야 한다.
태연하다	당연히 두려워할 상황에서 아무렇지도 않은 표정을 짓거나 행동하다 동생은 엄마에게 거짓말을 하고도 태연하게 굴었다.
오해를 풀다	마음속에 잘못 알고 믿던 것을 해결하다 두 사람은 오해를 풀고 다시 친한 친구가 되었다.

118

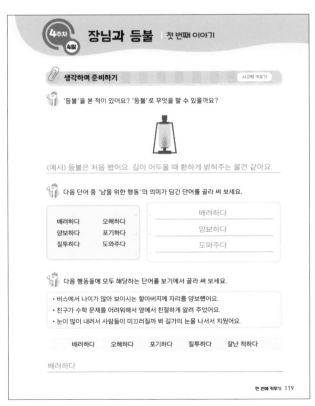

장님과 등불 | 첫 번째 이야기

생각하며 준비하기 | 사고력 키우기

'등불'을 본 적이 있어요? '등불'로 무엇을 할 수 있을까요?

(예시) 등불은 처음 봤어요. 길이 어두울 때 환하게 밝혀주는 물건 같아요.

다음 단어 중 '남을 위한 행동'의 의미가 담긴 단어를 골라 써 보세요.

| 배려하다　오해하다
양보하다　포기하다
질투하다　도와주다 | 배려하다
양보하다
도와주다 |

다음 행동들에 모두 해당하는 단어를 보기에서 골라 써 보세요.

· 버스에서 나이가 많아 보이시는 할아버지께 자리를 양보했어요.
· 친구가 수학 문제를 어려워해서 옆에서 친절히 알려 주었어요.
· 눈이 많이 내려서 사람들이 미끄러질까 봐 길가의 눈을 나서서 치웠어요.

| 배려하다　오해하다　포기하다　질투하다　잔난 척하다 |

배려하다

한 번에 키우기 119

(페이지 121)

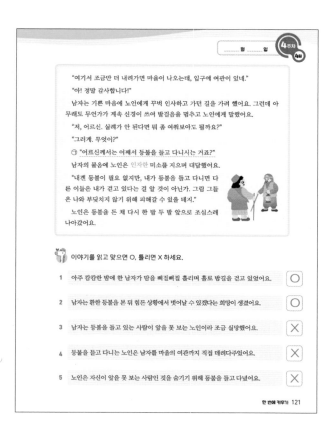

"여기서 조금만 더 내려가면 마을이 나오는데, 입구에 여관이 있네."

"아! 정말 감사합니다!"

남자는 기쁜 마음에 노인에게 꾸벅 인사하고 가던 길을 가려 했어요. 그런데 아무래도 무언가가 계속 신경이 쓰여 발걸음을 멈추고 노인에게 말했어요.

"저, 어르신. 실례가 안 된다면 뭐 좀 여쭤보아도 될까요?"

"그래요. 무엇이?"

㉠ "어르신께서는 어째서 등불을 들고 다니시는 거죠?"

남자의 물음에 노인은 인자한 미소를 지으며 대답했어요.

"내겐 등불이 필요 없지만, 내가 등불을 들고 다니면 다른 이들은 내가 걷고 있다는 걸 알 것이 아닌가. 그럼 그들은 나와 부딪치지 않기 위해 피해갈 수 있을 테지."

노인은 등불을 든 채 다시 한 발 두 발 앞으로 조심스레 나아갔어요.

이야기를 읽고 맞으면 O, 틀리면 X 하세요.

1 아주 캄캄한 밤에 한 남자가 땀을 삐질삐질 흘리며 홀로 밤길을 걷고 있었어요. O

2 남자는 환한 등불을 본 뒤 힘든 상황에서 벗어날 수 있겠다는 희망이 생겼어요. O

3 남자는 등불을 들고 있는 사람이 앞을 보는 노인이라 조금 실망했어요. X

4 등불을 들고 다니는 노인은 남자를 마을의 여관까지 직접 데려다주었어요. X

5 노인은 자신이 앞을 못 보는 사람인 것을 숨기기 위해 등불을 들고 다녔어요. X

한 번에 키우기 121

(페이지 122)

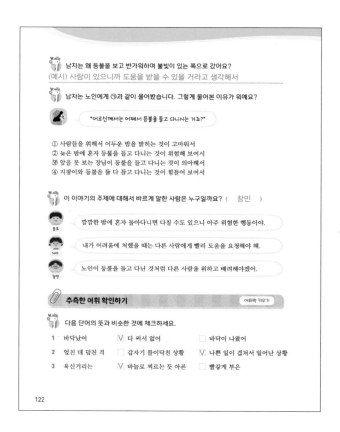

남자는 왜 등불을 보고 반가워하며 불빛이 있는 쪽으로 갔어요?
(예시) 사람이 있으니까 도움을 받을 수 있을 거라고 생각해서

남자는 노인에게 ㉠과 같이 물어봤습니다. 그렇게 물어본 이유가 뭐예요?

"어르신께서는 어째서 등불을 들고 다니시는 거죠?"

① 사람들을 위해서 어두운 밤을 밝히는 것이 고마워서
② 늦은 밤에 혼자 등불을 들고 다니는 것이 위험해 보여서
③ 앞을 못 보는 장님이 등불을 들고 다니는 것이 의아해서
④ 지팡이와 등불을 들 다 들고 다니는 것이 힘들어 보여서

이 이야기의 주제에 대해서 바르게 말한 사람은 누구일까요? (창민)

깜깜한 밤에 혼자 돌아다니면 다칠 수도 있으니 아주 위험한 행동이야.

내가 어려움에 처했을 때는 다른 사람에게 빨리 도움을 요청해야 해.

노인이 등불을 들고 다닌 것처럼 다른 사람을 위하고 배려해야겠어.

추측한 어휘 확인하기 어휘력 키우기

다음 단어의 뜻과 비슷한 것에 체크하세요.

1 바닥났어 V 다 써서 없어 □ 바닥이 나왔어
2 엎친 데 덮친 격 □ 갑자기 들이닥친 상황 V 나쁜 일이 겹쳐서 일어난 상황
3 욱신거리는 V 바늘로 찌르는 듯 아픈 □ 빨갛게 부은

122

(페이지 123)

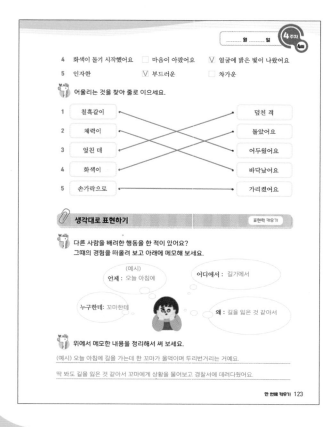

4 화색이 돌기 시작했어요 □ 마음이 아팠어요 V 얼굴에 밝은 빛이 나왔어요
5 인자한 V 부드러운 □ 차가운

어울리는 것을 찾아 줄로 이으세요.

1 칠흑같이 ——— 어두웠어요
2 체력이 ——— 바닥났어요
3 엎친 데 ——— 덮친 격
4 화색이 ——— 돌았어요
5 손가락으로 ——— 가리켰어요

생각대로 표현하기 표현력 키우기

다른 사람을 배려한 행동을 한 적이 있어요?
그때의 경험을 떠올려 보고 아래에 메모해 보세요.

(예시)
언제 : 오늘 아침에
어디에서 : 길가에서
누구한테 : 꼬마한테
왜 : 길을 잃은 것 같아서

위에서 메모한 내용을 정리해서 써 보세요.

(예시) 오늘 아침에 길을 가는데 한 꼬마가 울먹이며 두리번거리는 거예요.
딱 봐도 길을 잃은 것 같아서 꼬마에게 상황을 물어보고 경찰서에 데려다주었어요.

한 번에 키우기 123

(페이지 124)

4일차 어휘 정리하기

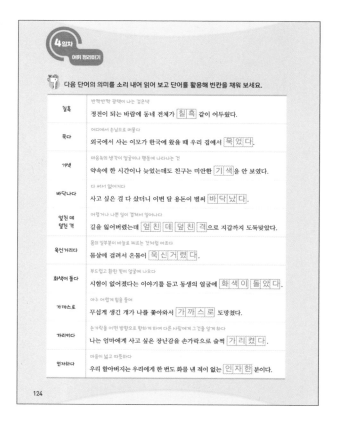

다음 단어의 의미를 소리 내어 읽어 보고 단어를 활용해 빈칸을 채워 보세요.

단어	의미 / 예문
칠흑	반짝반짝 광택이 나는 검은색 정전이 되는 바람에 동네 전체가 칠흑 같이 어두웠다.
묵다	어디에서 손님으로 머물다 외국에서 사는 이모가 한국에 왔을 때 우리 집에서 묵었다.
기색	마음속의 생각이 얼굴이나 행동에 나타나는 것 약속에 한 시간이나 늦었는데도 친구는 미안한 기색을 안 보였다.
바닥나다	다 써서 없어지다 사고 싶은 걸 다 샀더니 이번 달 용돈이 벌써 바닥났다.
엎친 데 덮친 격	어렵거나 나쁜 일이 겹쳐서 일어나다 길을 잃어버렸는데 엎친 데 덮친 격으로 지갑까지 도둑맞았다.
욱신거리다	몸의 일부분이 바늘로 찌르는 건처럼 아프다 몸살에 걸려서 온몸이 욱신거렸다.
화색이 돌다	부드럽고 환한 빛이 얼굴에 나오다 시험이 없어졌다는 이야기를 듣고 동생의 얼굴에 화색이 돌았다.
가까스로	아주 어렵게 힘들어 무섭게 생긴 개가 나를 쫓아와서 가까스로 도망쳤다.
가리키다	손가락을 어떤 방향으로 향하게 하여 다른 사람에게 그것을 알게 하다 나는 엄마에게 사고 싶은 장난감을 손가락으로 슬쩍 가리켰다.
인자하다	마음이 넓고 따뜻하다 우리 할아버지는 우리에게 한 번도 화를 낸 적이 없는 인자한 분이다.

124

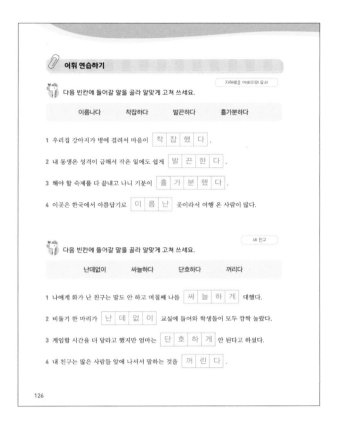

어휘 연습하기

다음 빈칸에 들어갈 말을 골라 알맞게 고쳐 쓰세요.   (지혜로운 아버지와 유서)

| 이름나다 | 착잡하다 | 발끈하다 | 홀가분하다 |

1 우리집 강아지가 병에 걸려서 마음이 착잡했다.

2 내 동생은 성격이 급해서 작은 일에도 쉽게 발끈한다.

3 해야 할 숙제를 다 끝내고 나니 기분이 홀가분했다.

4 이곳은 한국에서 아름답기로 이름난 곳이라서 여행 온 사람이 많다.

다음 빈칸에 들어갈 말을 골라 알맞게 고쳐 쓰세요.   (세 친구)

| 난데없이 | 싸늘하다 | 단호하다 | 꺼리다 |

1 나에게 화가 난 친구는 말도 안 하고 며칠째 나를 싸늘하게 대했다.

2 비둘기 한 마리가 난데없이 교실에 들어와 학생들이 모두 깜짝 놀랐다.

3 게임할 시간을 더 달라고 했지만 엄마는 단호하게 안 된다고 하셨다.

4 내 친구는 많은 사람 앞에 나서서 말하는 것을 꺼린다.

126

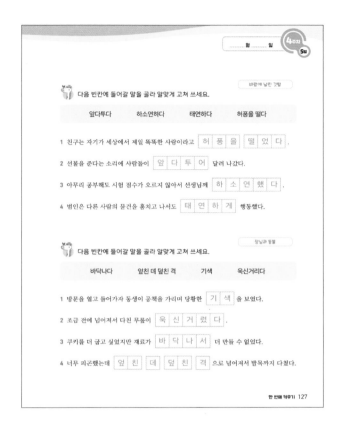

다음 빈칸에 들어갈 말을 골라 알맞게 고쳐 쓰세요.   (바람에 날린 깃털)

| 앞다투다 | 하소연하다 | 태연하다 | 허풍을 떨다 |

1 친구는 자기가 세상에서 제일 똑똑한 사람이라고 허풍을 떨었다.

2 선물을 준다는 소리에 사람들이 앞다투어 달려 나갔다.

3 아무리 공부해도 시험 점수가 오르지 않아서 선생님께 하소연했다.

4 범인은 다른 사람의 물건을 훔치고 나서도 태연하게 행동했다.

다음 빈칸에 들어갈 말을 골라 알맞게 고쳐 쓰세요.   (장님과 등불)

| 바닥나다 | 엎친 데 덮친 격 | 기색 | 욱신거리다 |

1 방문을 열고 들어가자 동생이 공책을 가리며 당황한 기색을 보였다.

2 조금 전에 넘어져서 다친 무릎이 욱신거렸다.

3 쿠키를 더 굽고 싶었지만 재료가 바닥나서 더 만들 수 없었다.

4 너무 피곤했는데 엎친 데 덮친 격으로 넘어져서 발목까지 다쳤다.

한 번에 키우기 127

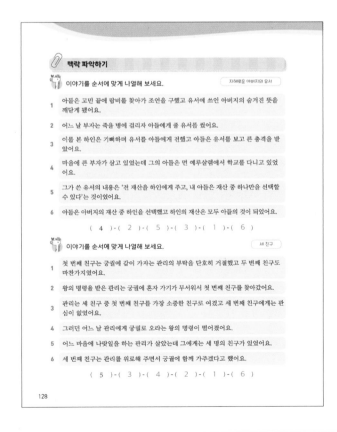

맥락 파악하기

이야기를 순서에 맞게 나열해 보세요.   (지혜로운 아버지와 유서)

1 아들은 고민 끝에 랍비를 찾아가 조언을 구했고 유서에 쓰인 아버지의 숨겨진 뜻을 깨닫게 됐어요.

2 어느 날 부자는 죽을 병에 걸리자 아들에게 줄 유서를 썼어요.

3 이를 본 하인은 기뻐하며 유서를 아들에게 전했고 아들은 유서를 보고 큰 충격을 받았어요.

4 마을에 큰 부자가 살고 있었는데 그의 아들은 먼 예루살렘에서 학교를 다니고 있었어요.

5 그가 쓴 유서의 내용은 '전 재산을 하인에게 주고, 내 아들은 재산 중 하나만을 선택할 수 있다'는 것이었어요.

6 아들은 아버지의 재산 중 하인을 선택했고 하인의 재산은 모두 아들의 것이 되었어요.

(4)-(2)-(5)-(3)-(1)-(6)

이야기를 순서에 맞게 나열해 보세요.   (세 친구)

1 첫 번째 친구는 궁궐에 같이 가자는 관리의 부탁을 단호히 거절했고 두 번째 친구도 마찬가지였어요.

2 왕의 명령을 받은 관리는 궁궐에 혼자 가기가 무서워서 첫 번째 친구를 찾아갔어요.

3 관리는 세 친구 중 첫 번째 친구를 가장 소중한 친구로 여겼고 세 번째 친구에게는 관심이 없었어요.

4 그러던 어느 날 관리에게 궁궐로 오라는 왕의 명령이 떨어졌어요.

5 어느 마을에 나랏일을 하는 관리가 살았는데 그에게는 세 명의 친구가 있었어요.

6 세 번째 친구는 관리를 위로해 주면서 궁궐에 함께 가주겠다고 했어요.

(5)-(3)-(4)-(2)-(1)-(6)

128

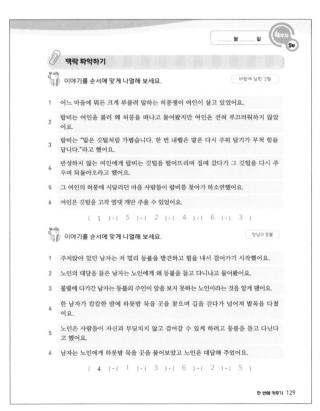

맥락 파악하기

이야기를 순서에 맞게 나열해 보세요.   (바람에 날린 깃털)

1 어느 마을에 뭐든 크게 부풀려 말하는 허풍쟁이 여인이 살고 있었어요.

2 랍비는 여인을 불러 왜 허풍을 떠냐고 물어봤지만 여인은 전혀 부끄러워하지 않았어요.

3 랍비는 "말은 깃털처럼 가볍습니다. 한 번 내뱉은 말은 다시 주워 담기가 무척 힘들답니다."라고 했어요.

4 반성하지 않는 여인에게 랍비는 깃털을 떨어뜨리며 집에 갔다가 그 깃털을 다시 주우며 돌아오라고 했어요.

5 그 여인의 허풍에 시달리던 마을 사람들이 랍비를 찾아가 하소연했어요.

6 여인은 깃털을 고작 열댓 개만 주울 수 있었어요.

(1)-(5)-(2)-(4)-(6)-(3)

이야기를 순서에 맞게 나열해 보세요.   (장님과 등불)

1 주저앉아 있던 남자는 저 멀리 등불을 발견하고 힘을 내서 걸어가기 시작했어요.

2 노인의 대답을 들은 남자는 노인에게 왜 등불을 들고 다니냐고 물어봤어요.

3 불빛에 다가간 남자는 등불의 주인이 앞을 보지 못하는 노인이라는 것을 알게 됐어요.

4 한 남자가 캄캄한 밤에 하룻밤 묵을 곳을 찾으며 길을 걷다가 넘어져 발목을 다쳤어요.

5 노인은 사람들이 자신과 부딪치지 않고 걸어갈 수 있게 하려고 등불을 들고 다닌다고 했어요.

6 남자는 노인에게 하룻밤 묵을 곳을 물어보았고 노인은 대답해 주었어요.

(4)-(1)-(3)-(6)-(2)-(5)

한 번에 키우기 129

교과서 수록 탈무드

회차	제목	과목	학년
1주차 1·2일	솔로몬과 두 엄마	국어 읽기	3-1
1주차 3·4일	사이좋은 형제	국어 ④-나	1, 2학년군
2주차 1·2일	못생긴 랍비와 포도주	도덕	3-1
2주차 3·4일	다시 찾은 금화	국어 읽기	3-1
3주차 1·2일	배에 난 작은 구멍	국어 듣기·말하기·쓰기	3-2
3주차 3·4일	보이지 않는 재산	국어 읽기	3-1
4주차 1일	지혜로운 아버지의 유서	국어 읽기	3-1
4주차 2일	세 친구	생활의 길잡이	3-2
4주차 3일	바람에 날린 깃털	생활의 길잡이	3-2
4주차 4일	장님과 등불	국어 듣기·말하기·쓰기	3-2